www.tredition.de

AF198338

Till Hood

Abschlußarbeit für Strategen –

Tipps und Tricks eines Ghostwriters

www.tredition.de

© 2016 Till Hood

Verlag: tredition GmbH, Hamburg

ISBN
Paperback: 978-3-7345-5937-2
Hardcover: 978-3-7345-5938-9
e-Book:978-3-7345-5939-6

Printed in Germany

Inhaltsverzeichnis

Einleitung

Ausgangssituation und Ziel des Leitfadens

Ihr habt es also bis hierher geschafft. Der Abschluß grüßt bereits von der Zielgeraden. Einzig die Abschlußarbeit fehlt noch zu eurem Glück. Gerade die Abschlußarbeit, dieses Monster von 40, 50 oder noch mehr Seiten, das erlegt werden will. Und irgendwie graut euch davor. Schließlich hat euch die Uni mehr oder weniger allein gelassen mit diesem Monster, hat eher noch gesagt *„mach mal"* (*„und zwar flott"*).

Zu eurer Beruhigung sei gesagt, daß alle Unis in Deutschland das sagen. Ihr seid also kein Einzelfall. Die deutschen Unis machen zwei große Fehler: zum einen folgen sie nach wie vor der alten Tradition des Abschlußarbeitschreibens, die in vielen Disziplinen nicht mehr die Berufswirklichkeit repräsentiert. Und zum anderen tun sie kaum etwas dafür, daß das, was sie den Studenten abverlangen, diesen auch beigebracht wird.

Das Ghostwriting würde sich in Luft auflösen, wenn die universitäre Lehre und die Prüfungsverfahren modernisiert, mehr Professoren eingestellt und den Studenten der Fächer, in denen eine Abschlußarbeit Sinn macht, obligatorische Schreibkurse angeboten werden würden. Würde, könnte, hätte, Arschbulette.... ist aber nicht. So müßt also auch ihr euch mit dem Monster herumschlagen.

Damit das Monster aber kleiner wird, so klein, daß es in eure Hosentasche paßt und ihr euch bei Bedarf mit dem wuscheligen Fell eure Nase schnäuzen könnt, habt ihr jetzt diesen Leitfaden. Dieser hilft euch, drei Dinge zu sparen: Geld – Zeit – Nerven. Geld spart ihr, weil ihr keinen Ghostwriter engagieren müßt. Zeit spart ihr, weil weil ihr lernen werdet, euch auf das Wesentliche zu konzentrieren. Nerven spart ihr, weil ihr erkennt, was zu tun ist, es umsetzen könnt und eure Zweifel im Griff habt.

Das wesentliche Ziel dieses Leitfadens ist es somit, euch die Angst zu nehmen vor dem Monster. Oder drücken wir es aus motivationspsychologischen Gründen positiv aus: das wesentliche Ziel dieses Leitfadens ist es, euch eurem Text gegenüber ein neutrales, objektives Nicht-Gefühl zu verschaffen.

Dieser Leitfaden will euch nicht die Freude an der wissenschaftlichen Forschung und dem Erstellen wissenschaftlicher Texte nehmen, aber er wird die Ausgangsbasis austauschen. Wir gehen nicht davon aus, daß das Erstellen eines wissenschaftlichen Textes von Vornherein mit *„Juchu"* und *„Yippie"* und *„Danke, großer Wissenschaftsgott, daß ich unwürdiger Wurm was schreiben darf"* verbunden ist. Wir gehen davon aus, daß der wissenschaftliche Text folgendes ist:[1]

- ein Zeitklauer und Energieverschwender
- ein notwendiges Übel
- eine zu bewältigende Aufgabe
- etwas, was zwischen euch und der Freiheit steht und aus dem Weg geräumt werden muß
- ein spaßiges Ding, an dem ihr euer Organisationstalent und eure Kreativität trainieren könnt

Klingt besser, oder?
Dieser Leitfaden soll ein Korsett seyn und einen Rahmen vorgeben, an dem ihr entlanghangeln könnt. Der Leitfaden möchte auch mit

---

1   Der Leitfaden bezieht sich zwar auf die Abschlußarbeit, aber die Prämissen, Tipps und Tricks können natürlich auch auf Hausarbeiten und, wie einige Testleser feststellten, auf Dissertationen angewendet werden.

bestimmten Irrtümern aufräumen, die mit dem wissenschaftlichen Schreiben verbunden sind, in erster Linie mit dem, daß das Gewicht immer auf das Schreiben gelegt wird. Ihr werdet sehen, daß das Schreiben an sich erst am Ende einer langen Reihe von „Vor"-arbeiten kommt, die, ordentlich ausgeführt, das Schreiben fast zu einem Selbstläufer machen. Aus diesem Grunde möchte ich eher davon sprechen, einen Text zu designen. Hier stütze ich mich auf meine Erfahrung als langjährigen Ghostwriter.

Ghostwriter schreiben keine Texte, sie designen sie. Wissenschaftliche Texte sind nichts anderes als Texte mit einer bestimmten Struktur. Der Inhalt ist nicht unwichtig, aber wenn man einmal verstanden hat wie ein wissenschaftlicher Text „funktioniert", kann man immer wieder und wieder eine funktionierende Struktur erarbeiten. Wenn dies nicht so wäre, würden Ghostwriter, die das professionell betreiben, verhungern. Das tun sie aber nicht.

Dieser Leitfaden wird euch dabei helfen, euren eigenen Text zu designen, und, im zugegeben besten Falle, sogar eure Freude, dies tun zu können, aktivieren. Erste Lektion also (alle mitsprechen): *„Ich designe den Text."*

Zielgruppe

Studenten vielleicht? Genau. Etwas konkreter gesagt, richtet sich dieser Leitfaden an die unter euch, die wenig Zeit haben oder die denken, daß Schreiben etwas für Götter ist. Er richtet sich an die, die einfach nur ihren verfickten Abschluß haben wollen und an die, die sich an der Uni und in der Wissenschaftswelt nicht zuhause fühlen, und die einfach nur, aber nicht ganz ohne Benefiz nach all den Jahren, raus wollen aus dem Unibetrieb, und das dürften einige seyn, denn sind wir mal ehrlich: Wissenschaftler an der Uni sind nicht unbedingt für ihre lebensnahe Art bekannt.

Der Leitfaden richtet sich an die, die mit relativ wenig Aufwand das Minimalziel erreichen wollen, das da heißt: Bestanden! Wenn es mehr wird (und unrealistisch ist das nicht), freut euch ein Loch in den Bauch.

Der Leitfaden ist allerdings nicht für Faule gedacht und geschrieben worden. Das Buch heißt nicht umsonst „für Strategen". Irgendwas muß man schon tun, wenn man einen Abschluß haben will. Leute, die denken, das alles von alleine passiert, haben sich das falsche Buch gekauft. Denen empfehle ich eher die Lektüre von „Wünsche an das Universum"; und schließlich hat man ja auch schon Pferde vor der Apotheke kotzen sehen.

Also mitmachen und euren Grips anstrengen müßt ihr schon, aber der Leitfaden zeigt euch, wie ihr das in die richtigen Bahnen lenken und auf das nötige Minimum begrenzen könnt, so daß alles Notwendige enthalten ist und eure Betreuer euch mit einiger Wahrscheinlichkeit ein fettes „like„ unter den Text setzen. Daher die zweite Lektion (und alle mitsprechen): *„Ich will nur meinen Abschluß gestalten."*

Über Leitfäden und diesen Leitfaden

Es wird Leute geben, die werden sagen, daß hier teilweise unwissenschaftlicher Scheiß drin steht. Diesen Leuten möchte ich entgegnen, daß dieser Leitfaden keine Hommage an die Wissenschaft darstellt, sondern gequälten Studentenseelen den Abschluß erleichtern soll und sofern hier billige Tricks hilfreich sind, ist das von meiner Seite her vollkommen legitim; und: glaubt mir, den fertigen Text, wenn er gut gemacht wurde, sieht man die billigen Tricks nicht an. Auch der wissenschaftliche Text lebt von der Illusion des Lesers.
Ich will zeigen, wie man Gefahren geschickt umschiffen kann und wie man Wissenschaftlichkeit schnell und effizient verschriftlichen

kann. Leitwörter sind somit „schnell", „effizient" und „effektiv".
McKinsey läßt grüßen.

Ganz klar: ich bin auf der Seite der Studenten. Die Idee, diesen Leitfaden überhaupt zu schreiben, entwickelte sich aus der Erkenntnis,
daß fast alle Leitfäden über das wissenschaftliche Schreiben, die von
irgendwelchen Wissenschaftsfuzzis geschrieben wurden, gerade an
der Realität vorbei gehen. Sie sind entweder zu kompliziert geschrieben, zu lang oder bekräftigen die Angst, die man durch Lesen des
Leitfadens eigentlich abbauen möchte. Die anderen Leitfäden gehen
in der Regel davon aus, daß es sich bei allen abschlußwilligen Studenten um Adepten handelt, die mit der Abschlußarbeit die Salbung
der Wissenschaft erhalten wollen.

Dieser Leitfaden geht vom Gegenteil aus. Aus diesem Grunde besteht
die Hauptaufgabe darin – und wenn ich mich in diesem Punkt immer und immer wieder wiederhole, ist das Absicht – das wissenschaftliche Schreiben klein und alltäglich zu machen zu machen und
die Bedeutung von Routinen für das wissenschaftliche Schreiben
hervorzuheben.

Im Leitfaden wird es daher mit Hilfe von Pragmatismus und
Ironie/Humor darum gehen, bei euch das Ausschalten eures Angst-
gefühls zu erreichen und bei euch die Perspektive zu „implantieren",
den Text als den Text eines Fremden zu betrachten. Und nochmal:
die wichtigste Lektion ist es, sich emotional aus der Arbeit heraus zu
nehmen. Daher gleich mal alle die Lektion drei nachsprechen: *„Meinem Text gegenüber habe ich keine Gefühle."*

Nur wenn man das macht, kann man schnell, effizient und effektiv
seyn. Interesse für ein Thema zu haben, ist auch hierfür wichtig,
ohne Frage. Ohne Interesse übersteht man keine Arbeit, keinen Job,
aber über das Interesse sollte es nicht hinaus gehen. Man sollte immer sagen können: *„eigentlich egal, ob ich es so oder so mache,
Hauptsache ist, dass es richtig ist und ich schnell fertig werde."*

Daher gleich noch ein Hinweis: Perfektionsdrang abschalten. Eure Arbeit wird die Welt nicht revolutionieren. Denkt dran: zwei, maximal drei Leute werden sie lesen. Und die werden ihr Leben nicht umschmeißen, weil ihnen ein kleines Studentlein versucht hat zu erklären, warum die Welt so und so funktioniert.

Alle, die jetzt merken, daß sie ihr Herzblut für das Thema und ihren Perfektionsdrang nicht im Zaum werden halten können, sollten sich an dieser Stelle verabschieden ...
.... ich warte .....

.... okay, weiter im Text.
Um die Angst auszumerzen, bezieht der Leitfaden auch den universitären Kontext mit ein. Im ersten Teil wird darauf eingegangen, welche Bedeutung das wissenschaftliche Schreiben generell hat und wie mit diesem umgegangen wird. Das dies keine Lobeshymne wird, sollte sich bereits nach den ersten Seiten dieser Einleitung von selbst verstehen. Denn was alles so abgeht in der Wissenschaft mit Texten und welch Schindluder damit getrieben wird, paßt tatsächlich auf keine Kuhhaut.

Ebenfalls einbezogen wird auch die zweite Person, die wichtig ist, für das Textdesign – der Betreuer. Über diese Spezies müssen auch mal ein paar Dinge gesagt werden. In diesem Leitfaden natürlich nur solche, die ebenfalls angstabbauend wirken.

Um es wenigstens einmal zu sagen (und es wird bei diesem einem Mal bleiben; also, Dozenten, lest das und zehrt die restlichen Seiten davon): es gibt natürlich auch gute Wissenschaftler und Dozenten, engagierte, Studenten wohlgesinnte, die den Spagat zwischen Lehre und Forschung gut meistern und das eine dem anderen nicht aufopfern wollen, die Studenten nicht von oben herab betrachten, immer noch wißbegierig sind, Studenten als Bereicherung ihres eigenen

Denkens betrachten .... aber diesen „Guten" wird es in der Universitätslandschaft immer schwerer gemacht.

Das Humboldtsche Ideal des selbständigen Denkens, des ewigen Forschens (was nicht Ziellosigkeit oder Ergebnislosigkeit heißt; das nur für den Fall, falls hier jemand denkt, schlau reinquatschen zu können) stirbt aus, wird aus der neoliberal orientierten Dienstleistungsuniversität entfernt, weil die Wissenschaft zum reudigen Köter der Wirtschaft und der Politik verkommen ist und hechelnd jedem Stöckchen hinterherrennt, der von den geistig armen Popanzen weggeworfen wird. Denk ich an Deutschlands Uni in der Nacht, ...ihr kennt den Rest.

Und da ich gerade mein kleines schwarzes Herz etwas geöffnet habe, gleich noch hinterher: wie unschwer zu erkennen ist, liebe ich nicht die Wissenschaft als Institution mit ihren ganzen aufgeblähten Ritualen, ihrer Wichtigtuerei, ihrem Versuch, Religionsersatz zu seyn. Aber ich liebe das wissenschaftliche Arbeiten, das Fragen, das Nach-Antworten-Suchen, das Nachlesen, das Kennenlernen von Neuem, das Überraschtwerden, das Denken, das Zusammenhänge-Herstellen, das Diskutieren, letztlich also das, was Wissenschaft im Kern ausmacht. Da geht mir wirklich einer ab!

Deshalb habe ich ein Problem damit, wenn Rituale und Konventionen diesen Kern überdecken, und schlimmer noch: wenn Politik, Engstirnigkeit und menschliche Schwächen diesen Kern fast schon abgetötet haben durch Exzellenzinitiativen, Drittmitteleinwerbung und pures Konkurrenzdenken, welches dem Kern der Wissenschaft bereits diametral entgegengesetzt ist.

Wissenschaft ist Kooperation, aber das kapieren die ganzen Fuzzis nicht. Dem sokratischen *„Erkenne, daß du nichts weißt!"* ist als wissenschaftlichem Credo nichts mehr hinzuzufügen. Und alle bejubeln das in ihren Antrittsreden, Laudatios und so weiter, aber niemand hält sich daran. Aber gut, ich echauffiere mich schon wieder.

Was gibt es noch zu sagen? Ich nehme mir hier mal ganz bewußt die Freiheit, gendermainstreaminggerechte Sprache[2] vollkommen außer Acht zu lassen, so zu schreiben, wie mir der Schnabel gewachsen ist und auf die Grammatik und Rechtschreibung zu koten. Bezogen auf letzteres bin ich Anhänger der sprachlichen Freiheit des 18. Jahrhunderts. Ich mag das „ß", ich mag „seyn" mit „y", ich mag es, Kommas nach dem Satzrhythmus zu setzen und mit Semikolons und Bindestrichen herumzuwerfen. Und da dies hier mein Buch ist und dieses Buch unterhalten und informieren soll, und meine Sprache beidem nicht abträglich, sonder eher das Gegenteil der Fall ist, pfeife ich auf die Korrektheit deutscher Sprachapostel.

Der Leitfaden bietet eines nicht: detailliertes Erklären des Formalen. Das könnt ihr gerne bei den anderen Leitfäden nachlesen, die damit vollgestopft sind, um Seiten zu schinden. Ihr könnt aber auch ganz einfach in wenigen Sekunden die Infos zu „wie zitiere ich eine Internetquelle richtig" im Internet finden. Hierfür muß an dieser Stelle kein Speicherplatz verschwendet werden.

---

2   Die mag politisch korrekt seyn, ist aber ein Gräuel für die deutsche Sprache ansich. Mein Vorschlag: Männer schreiben als Männer und nutzen die männliche Form, Frauen machen es anders herum; und Transsexuelle machen das, worauf sie an dem Tag gerade Lust haben; ich bin davon überzeugt, daß dies der Sprachqualität sehr zu Gute kommt.

1. Die Vorüberlegungen

1.1 Das Ziel – Abstand von Perfektion und Emotion

„Vergeuden Sie bitte nicht so viel meiner Lebenszeit." Das sagte der
Zweitgutachter zu mir, als ich auf Empfehlung meiner Erstgutachte-
rin bei ihm vorsprach, um ihn als Zweitgutachter zu gewinnen.[3] Er
gab mir damit zu verstehen, dass es keine Dissertation wäre und ich
das Maximum der möglichen Seitenzahl nicht ausschöpfen müsse.
Ich mußte ihn leider enttäuschen und schrieb doch die maximal
möglichen 120 Seiten.

Warum habe ich das getan? Ich steckte knietief im Material. Das
Thema, etwas über Hermann Hesse, hatte mich bereits das ganze
Studium über beschäftigt. Ich saß dann fast 12 Monate an dem Ding.
Und wofür? Damit zwei Prüfer das Ding lesen und nach einer Stunde
wieder vergessen haben. Es existiert ein krasser Widerspruch zwischen dem Aufwand und der Anzahl der Personen, die sich mit diesem Aufwand beschäftigen.
„Aber man schreibt die doch für sich und lernt dabei", werden einige
jetzt sagen.

---

3 In dem Zusammenhang: Fragt den Erstgutachter nach einer Empfehlung
für einen Zweitgutachter. Nicht selten arbeiten die in solchen Fällen immer
mit jemanden zusammen und schicken sich gegenseitig die Studenten hin
und her. Hat zwei Vorteile: Der Zweitgutachter wird mit seiner Bewertung
nicht so weit vom Erstgutachter entfernt liegen. Und ihr vermeidet Konflikt-
potential, weil vielleicht der Zweitgutachter, den ihr euch gesucht habt, sau-
er ist, weil ihr nicht zuerst zu ihm gekommen seid.

Richtiiiiich, aber das muss jeder für sich einschätzen. Und es ist die Frage, was man lernen soll. Wer zu einem anderen Zeitpunkt Selbstzweifel und dem jedem innewohnenden Perfektionismus kennenlernen und sich mit diesen auseinandersetzen möchte, sollte meiner Meinung nach, das Recht dazu haben. Und über das Thema lernt man genug, auch wenn man sich nur einen oder zwei Monate damit beschäftigt.

Wenn man glänzen möchte, ist es die Frage, ob man sich dafür die Abschlußarbeit aussuchen sollte. Wenn man schnell seyn will, geht es eher darum, grobe Fehler zu vermeiden und etwas Solides zustandezubringen. Das ist ausreichend, letztlich auch in der Wissenschaft. Denn fragen wir doch mal, wozu so eine Abschlußarbeit nötig ist.

Fangen wir beim Offensichtlichen an, obwohl das für viele nicht so offensichtlich ist: Die, die die Arbeit bewerten, wissen, daß nur ein verschwindend geringer Prozentsatz an der Uni und in der Wissenschaft verbleiben wird. Bei dem Großteil genügt es somit, daß sie zeigen können, daß sie ungefähr wissen, was sie tun. Was heißt das?

Oft genügt es, die formalen Vorgaben zu befolgen, denn auch die Wissenschaft, vor allem Geisteswissenschaften leben vom Formalem, da bei ihnen die Objektivität noch weniger zu erkennen ist als bei den Naturwissenschaften. Man soll zeigen, daß man ein eigenes System aufstellen kann, in dem man eine Frage behandeln kann, d.h. daß man zeigen soll, daß man einen eigenen Ablauf für eine Arbeit entwickeln und diesen auch einhalten kann. Man soll zeigen, daß man gelernt hat zu denken, daß man bestimmte Schlüsse ziehen, und daß man bestimmte Dinge ausschließen und jedes Argument schön absichern kann durch eine zweite Meinung. Ich denke, daß die soeben genannten Erfordernisse von jedem erbracht werden können.

In einer Abschlußarbeit kann es primär nicht um etwas Neues gehen. Nur die wenigsten schaffen mit ihrer Abschlußarbeit einen

Neuerwerb für die Wissenschaft. Der Großteil zeigt nur, daß man über vielen Seiten einen roten Faden halten kann, an dessen Ende sogar ein Pullover hängt, den man benutzen kann. Nur das dieser Pullover schon von anderen vorher gehäkelt worden ist, worum es aber nicht geht. Zum Thema Goethe, zur Stadtsoziologie, zum Autismus ..... ist bereits viel gedacht worden, Quantensprünge sind hier äußerst selten und in der Regel werden diese dann von den etablierten Wissenschaftlern vorgenommen, die sich 2,3,4 Jahrzehnte mit einem Thema beschäftigt haben (die Armen!). Des weiteren scheint es Themenballungen zu geben. Sieht man sich mal entsprechende Internetseiten an, auf den Hausarbeiten und Abschlußarbeiten angeboten werden, stellt man fest, daß nicht selten zur selben Zeit mehrere Arbeiten zu einem Thema geschrieben worden sind. Die haben nicht abgeschrieben, das hat einfach mit Prozessen in der Gesellschaft und in der Wissenschaft zu tun.

Um es noch einmal zu sagen: wir reden nicht über eine Dissertation. Wir reden darüber zu beweisen, wissenschaftlich arbeiten zu können und vielleicht so eine Ahnung von einer klitzekleinen Erkenntnis herauszuziehen.

Seit dem Auslaufen der Magisterstudiengänge hat es zugenommen, dass in Masterstudiengängen von der Master Thesis verlangt wird, eine „neue" wissenschaftliche Erkenntnis zu erarbeiten. Dies hat meiner Meinung nach mit der weitergehenden Umstrukturierung der Universität zu tun. Es wird an einem Prozess gearbeitet, bei dem gleitend in die Dissertation übergegangen werden kann. Das bedeutet, dass auch die Dissertation „verschult" und für einen Großteil der Masterabsolventen anstrebenswert werden soll. Die Master Thesis soll hierbei auf die Dissertation vorbereiten, denn diese soll den Doktoranten auf die „höchste Erkenntnisebene" seiner Disziplin katapultieren. Das muss er erst lernen. Denn im Studium lernt er es nicht.

Aber das Schöne ist, ebenso wie bei einer Dissertation: „wissenschaftliche Erkenntnis" kann vieles bedeuten. Wenn ich nachweise, daß die Kürzung der Solarförderung doof ist, ist das ebenso eine Erkenntnis, als wenn ich das Gegenteil nachweise. Genau genommen reden wir letztlich bei der Master Thesis von einer Passage, die als Forschungsfrage oder Hypothese formuliert werden soll. Man schreibt nicht einfach etwas hin, sondern man schreibt es einfach hin und erwähnt, warum man es macht und was dabei heraus kommen soll. Eigentlich. Theoretisch. Wenn etwas anderes dabei heraus kommt – auch gut. Erkenntnis. Dann kann man sogar noch erklären, warum vermutlich etwas anderes herausgekommen ist und kann Asche auf sein Haupt streuen und Methodenbashing betreiben.

Ob das dann aber unbedingt etwas Neues ist, ist meiner Meinung nach zu bezweifeln. Wenn man etwas Empirie mit in die Arbeit nimmt, hat man zwar auf eine Art etwas Neues geschaffen, aber es wird trotzdem eher die wiederholende Bestätigung einer bereits im Fach vorhandenen Erkenntnis seyn. Aber hey, die wollen das. Dann kriegen sie das.

Das Wichtige ist auch nicht das „Neue", sondern die Art des Arbeitens. Die einfachste und bisher beste Definition von Wissenschaft, die ich kenne (und ich kenne viele), lautet: *„Wissenschaft ist die nachvollziehbare Suche nach der Wahrheit. Punkt."*
Sie ist von ..... hmm? Also das sollte euch nicht passieren. Also irgendwo auf meinem Rechner schwirrt das Zitat mit dazugehörigem Autor rum. Aber ich bin jetzt zu faul, das zu suchen.
Wir kommen an dieser Stelle also wieder auf die Lektion Nummer zwei zurück, die da lautet? ......Na? Leute, kommt schon, sie lautet:
„Ich will nur meinen Abschluß gestalten."
Nochmal alle zusammen: *„Ich will nur meinen Abschluß gestalten."*
Ihr wollt nur einen Text schreiben und das einplanen und einbauen, was notwendig ist, um zu bestehen. Nicht mehr oder weniger!

Wir hatten das schon, ich weiß, aber es ist wichtig. Ihr müßt den Widerstand gegen das rationale Vorwärtsschreiten bei eurer Arbeit und die emotionale Verbundenheit abstellen. Wenn ihr euch dagegen sträubt, helfen die besten Tipps nichts. Fehlt die rationale Einstellung, schiebt man die Aufgaben immer weiter nach hinten, geschieht nichts und am Ende gibt man das Ding an einen Ghostwriter ab und bezahlt relativ viel Geld.

„Relativ" viel Geld, denn ein guter Ghostwriter hat einen akademischen Abschluß und arbeitet nicht für den Mindestlohn, verständlich, oder? Anscheinend nicht für jeden, denn viele bedenken nicht, daß auch Ghostwriter Arbeit aufwenden müssen, wenn sie einen plagiatsfreien Entwurf erstellen wollen. Ein guter Ghostwriter verfasst Unikate; damit ist auch die Frage nach dem Betrugsnachweis beantwortet, wobei es natürlich nicht gestattet ist, einen Entwurf eines Ghostwriters anders zu gebrauchen als zu Orientierungszwecken während man seine eigene Arbeit selbständig erstellt.
Wir wiederholen Lektion Nummer drei (und alle): *„Meinem Text gegenüber habe ich keine Gefühle."*

1.1.1 Geisteswissenschaften, Naturwissenschaften und die Abschlußarbeit

Gibt es Unterschiede zwischen Geistes- und Naturwissenschaften bei einer Abschlußarbeit? Puh, tja, ähh .... ja und nein.

Erstmal fasse ich unter die Geisteswissenschaften auch die Sozialwissenschaften. Sozial- und Politikwissenschaftler denken zwar, daß sie was Besonderes sind, weil sie zählen und Statistiken erstellen oder weil jeder Privatdozent im Fach Politikwissenschaft ein „Modell" zu diesem oder jenem unwichtigem Thema erstellt. Letztlich interpretieren die nur. So wie jeder andere Geisteswissenschaftler auch. Und wenn wir ehrlich sind, machen auch Naturwissenschaftler nichts anderes. Wissenschaft, um es vielleicht mal endgültig auf einen Punkt zu bringen, ist eine riesige Interpretationsmaschine.

Der Unterschied besteht einzig darin, daß man unterschiedliche Daten zur Interpretation besitzt. Während die Naturwissenschaftler das Glück haben, sich mit Daten auseinander zu setzen, die in der Regel nichts mit dem Menschen zu tun haben; haben die Geisteswissenschaftler die Freude, sich ausschließlich mit den Produkten des menschlichen Geistes auseinander zu setzen, ob dies nun Formate des Zusammenlebens oder Bücher über Bücher sind.

Eine Ausnahme bei den Naturwissenschaftler stellen eigentlich die Mediziner dar, allerdings fragt man sich bei denen schon öfter mal, ob die wissen, daß sie am Menschen und nicht an seelenloser Biomaterie herumdoktern. Im Studium lernen sie es übrigens nicht. Sowas wie Ethikseminare oder wenigstens Kommunikationsseminare für Medizinstudenten sind Mangelware in der deutschen Universitätslandschaft. Da wundert man sich also nicht, wo es herkommt.

Bezogen auf die Abschlußarbeit besteht der große Unterschied somit darin, daß naturwissenschaftliche Arbeiten fast immer einen empirischen Teil haben. Es werden fast immer anhand einer bestimmten Methodik und auf Basis eines bestimmten Forschungsdesigns Daten erhoben, analysiert und dann interpretiert. Bei den Geisteswissenschaften spart man sich oft die ersten beiden Schritte und interpretiert gleich.

Ich persönlich halte die naturwissenschaftlichen Arbeiten für die einfacheren Arbeiten, da hier meistens durch das Thema bereits alles vorgegeben wird. Wenn ich das Verhalten von Affen beschreiben und Rückschlüsse auf ihr Kooperationsverhalten ziehen will, ist klar, was zu tun ist: Ich verbringe viel Zeit damit, Interaktionen zu beobachten, Freunde und Familienmitglieder zu identifizieren, erstelle ein statistisches Schema und lasse dann alles 5 Tage durch den Rechner laufen und werte dann die Daten so aus, daß mir das Ergebnis gefällt.

Die Geisteswissenschaftler müssen sich, sofern sie sich für einen empirischen Teil entscheiden, aus der Vielzahl der „objektiven„ Modelle, die es gibt, eins aussuchen, das begründen, es mit dem Thema zusammenbringen ... blablabla.... Zu Methoden, Forschungsdesign und diesem ganzen Kram schreibe ich in Kapitel 2.2.2 etwas detaillierter.

1.1.2 Verteidigung

„Stellt denn eine mögliche Verteidigung ein Problem dar, wenn die Abschlußarbeit designed wird?"
Theoretisch nicht, denn ihr steckt ja trotzdem im Thema drin. Und ihr wißt auch, was ihr da gemacht habt. Fakt ist, daß ihr euch angemessen auf die Verteidigung vorbereiten müßt. Aber auch hier solltet ihr bedenken, daß ihr euch nicht zwei Tage in einem Assessment-Center befindet.

Ich hatte mal einen Kunden, der in einer sehr populären Sportart relativ bekannt war, aber vom wissenschaftlichen Arbeiten nicht allzu viel Ahnung hatte. Ich habe den gecoacht. Als es zur Verteidigung ging, gab ich ihm den Rat, so oft wie möglich und wenn das Gespräch, der aktuelle Punkt es zuließen, das Gespräch auf die Sportart, Erlebnisse und seine Erfahrungen damit zu lenken, also sich von der eigentlichen Abschlußarbeit zu entfernen, und eher zu unterhalten. Es funktionierte und er erhielt für die Verteidigung eine 1,0. Natürlich war es ein gestandener Mann, der wahrscheinlich genauso alt war wie die Dozenten, die da vor ihm saßen, so daß der Umgang mit ihnen von vornherein schon ein anderer war.

Ich will damit auch nur sagen, daß man mit etwas Vorbereitung und einer Strategie relativ entspannt in eine Verteidigung gehen kann, auch wenn man den Text eher designed als aus seinen Innersten gepreßt hat.

Vielleicht helfen folgende Überlegungen: Der Dozent wird die Arbeit gelesen haben, aber er wird sie nicht genau gelesen haben. Dozenten haben wenig Zeit. Sie werden sich bestimmte Punkte aussuchen und die ansprechen (meist Punkte, die auch mit ihren Interessen harmonieren und wo sie sich auskennen. Ergo: kennt man die Dozenten und Schriften von ihnen, kann man bestimmte Fragen voraus ahnen). Man sollte sich selbst Bereiche der Arbeit aussuchen, wo man sich sicher fühlt und die breit ausführen und versuchen, die immer wieder ins Spiel zu bringen. Denn was erfolgt in einer Verteidigung: der Nachweis, daß ihr etwas mit dem Wissen anfangen könnt. Nutzt das zu eurem Vorteil aus. Und wenn man selbst die Führung übernimmt und redet, schmilzt die Zeit relativ schnell.

Noch ein Hinweis: es könnte durchaus seyn, daß ihr zwar die Abschlußarbeit nicht verteidigen müßt, aber, sofern ihr einen Gutachter habt, der auch Prüfer einer eurer mündlichen Prüfungen ist, daß trotzdem Fragen zur Abschlußarbeit auftauchen. So war es bei mir, damals. Ich hatte bei der Professorin, bei der ich meine Abschlußarbeit geschrieben habe, auch eine mündliche Prüfung. Diese nutzte sie, um abzuklopfen, ob ich tatsächlich Ahnung von dem Thema hatte, zu dem ich geschrieben hatte. Hatte ich. Es waren nur 2 oder 3 kleine Fragen, aber es war eine Kontrolle. Mit anderen Worten, wenn ihr einer „Verteidigung" auch theoretisch komplett aus dem Weg gehen wollt, müßt ihr euer Projekt „Abschlußarbeit" sehr gut organisieren und mit eurem generellen Projekt „Abschluß" abstimmen. Das heißt, daß ihr unterschiedliche Prüfer und Gutachter haben solltet.

Aber eigentlich müßt ihr vor ein paar Querschlägern eines Betreuers keine Angst haben, denn auch wenn ihr dank dieses Leitfadens viel weniger Zeit für die Abschlußarbeit investieren müßt, werdet ihr trotzdem „Ahnung" von dem Thema haben. Denn selbst wenn ihr euer ganzen Studium über nur gekifft habt, wird das ein oder andere mit dem ihr euch ein paar Wochen etwas intensiver beschäftigt habt, hängen geblieben seyn.

1.2 Über das Schreiben in der Wissenschaft und an der Uni

Ich will an dieser Stelle kein Wissenschaftsbashing betreiben, aber mit der Wissenschaft und mit der Universität geht es bergab. Die Uni wird mehr und mehr zu einem Dienstleister. Allein aus dieser Perspektive sollte die Uni die letzte Institution seyn, die Ghostwriting kritisiert. Aber auch aus einem anderen Grunde sollte die Uni die Kritik nicht übertreiben. Denn auch ohne Ghostwritingagenturen gibt es schon genug Ghostwriting an der Uni. Ohne Ghostwriting, also das Schreiben von Texten durch andere, würden viele Professoren nur einen Bruchteil veröffentlichen, und würden nicht wenige Doktoranden ihre Vorarbeiten oder zu veröffentlichenden Artikel alle selbst schreiben müssen. Und in puncto Beschiss können mit Wissenschaftlern wahrscheinlich nur noch Versicherungsmakler und Hütchenspieler mithalten. Wer mehr wissen will, sucht bei diesem großen Online-Buch-Anbieter mal unter den Stichwörtern „Wissenschaft" und „Betrug". Könnte man übrigens eine wunderbare Abschlußarbeit daraus mache, allerdings nur, wenn ihr nicht vorhabt, eine Karriere an der Uni einzuschlagen. Könnte in dem Fall etwas kontraproduktiv seyn.

Die Wissenschaft ist verkommen. Es geht nicht mehr um Forschung, es geht um Forschung für etwas. Nicht mehr die Frage steht im Vordergrund, sondern der Gewinn. Natürlich wollte man schon immer Nutzen aus der Wissenschaft ziehen. Die ersten Forstwissenschaftler vor 40000 Jahren lernten die Spuren des Wildes, um erfolgreich jagen zu können. Und die ersten Universitäten waren Einrichtungen, die die Macht kirchlicher und weltlicher Fürsten erhalten und erweitern sollten.

Die Idee, Wissenschaft aus purer Freude an ihr zu betreiben, ist noch nicht allzu alt. Abgesehen davon, daß Einzelne dies bereits vorher schon taten, entwickelte sich diese Sichtweise erst in der Sicherheit größer werdender Universitäten, die von aufgeklärten Despoten von Flächenstaaten finanziert wurden. Die kleinen Pflänzchen freien Denkens konnten langsam beginnen zu wachsen. In seiner Schrift über die Universität hat Wilhelm von Humboldt diese Art des Lernens, Lehrens und Forschens vielleicht am besten zusammengefasst. Aber aufgrund des Einzugs des neoliberalen Systems in die Universität und in die Wissenschaft, geht es mittlerweile primär nicht um Erkenntnisgewinn, sondern, und das vielleicht schlimmer als früher, da Wissenschaft mittlerweile zum Religionsersatz mutiert ist, um die Beihilfe zum Sichern der Pfründe, zum Teil im Dienste der Nation und zum anderen, vielleicht sogar größeren Teil, im Dienste großer Konzerne. Hier ins Detail zu gehen, würde den Rahmen der mir gesetzten Aufgabe sprengen. Wenn euch das Thema interessiert, googelt mal Monetarisierung der Universität, institutionelle Diskriminierung, symbolisches Kapital, Kritik am Bolognaprozess, Kritik an der Exzellenzinitiative, Drittmitteleinwerbung der Professoren, Konkurrenzkampf um Drittmittel, um nur einige Stichpunkte zu nennen.

Hinzu kommt, dass Wissenschaft in weiten Bereichen, vor allem an der Universität, schon etwas von einer Arbeitsbeschaffungsmaßnahme im großen Stil hat. Es ist so ähnlich wie bei der NATO und der Suche nach Gefahren. Die NATO erschafft ihre Gefahren erst selber, um sie dann bekämpfen zu können. Die Wissenschaft erschafft ihre Problemfelder auch selber. Dabei müßte sie das überhaupt nicht tun, denn es gibt genug (wichtige) Fragen, die im Raum umherschwirren und ihrer Beantwortung harren.

Aber die Wissenschaft hat aufgrund ihrer neoliberalen Ausrichtung leider kein Interesse mehr an den Fragen, die uns alle vorwärts bringen und wirklichen Erkenntnisgewinn für die Menschheit bedeuten. Da wird dann lieber krampfhaft nach Wegen gesucht, mordende Drohneneinsätze als friedensbildende Maßnahmen oder Entlassungen als Weg zur Volkswirtschaftsgesundung zu verkaufen. Es ist heutzutage auch kein Geheimnis mehr, daß Professoren als Gutachter für so einen Schrott eingekauft werden können. Im Gegenteil: solch ein Auftrag sichert Drittmittel. Dieser Prozess sorgt langfristig dafür, daß das kritische Denken aus der Universität gedrängt wird, denn Dozenten und Professoren, die hier nicht mitspielen und Finger in die Wunden legen, rutschen auf der Karrierewarteliste und auf den Spendenzetteln der Wirtschaft und der regierungsnahen Institutionen schön nach hinten.

Auf den Punkt gebracht: Wissenschaft ist mittlerweile genau so ein Produkt wie alles andere in unserer schönen neuen Welt. Und wenn wir es ganz böse ausdrücken wollen: Wissenschaft ist die Nutte der Wirtschaft (Ausnahmen bestätigen die Regel und Entschuldigung an alle Prostituierten).

Und wenn Wissenschaft ein Produkt ist, ist alles okay, das hilft, den Herstellungsprozess effizienter zu gestalten. Das gilt somit auch für das wissenschaftliche Schreiben. Wissenschaft und wissenschaftliches Schreiben sind nicht schwierig. Beides ist aber umgeben von einem Nimbus und durchzogen von einer komplizierten Sprache, die das Gegenteil darstellen soll. Diesen ganzen symbolischen Kladderadatsch, der in der Regel verantwortlich ist für den ehrerbietigen Respekt, muß man beiseite schieben können. Hierzu ist es hilfreich, sich in Erinnerung zu rufen, daß das Schreiben ein Überbleibsel aus dem 19. Jahrhundert ist, in dem die Schrift das Medium schlechthin war.

Aus Faulheit, Tradition und so weiter wird krampfhaft versucht, die Vormachtstellung des Schriftlichen weiter aufrecht zu erhalten. Dabei wird sie mehr und mehr abgelöst von Praktika und dem Einfließen anderer Formen wie Bild, Graphik und Video, die in vielen Studiengängen sinnvoller sind, da viele Studiengänge stärker auf das Praktische ausgerichtet sind.

Die Abschlußarbeit erfüllt aber im wissenschaftlichen Rahmen noch eine weitere Funktion: sie stellt so etwas wie einen Initiationsritus dar, ist so etwas wie die Eintrittskarte in die exklusive Welt der Wissenschaftler (habt ihr schon „symbolisches Kapital" gegoogelt?). An diesem Punkt weichen Universität und reale Welt vielleicht am weitesten voneinander ab, denn für die meisten Studenten ist der Abschluß von Nöten, um sich irgendwo bewerben und Brötchen verdienen zu können. Für die Profs ist es „Anerkennung" (haha!) ihresgleichen!

Allerdings liegt hier auch ein großer Vorteil, den sich gerade die Ghostwriter zunutze machen. Alle schwülstigen Initiationsprozesse bestehen zu einem Großteil aus Formalitäten. So auch das wissenschaftliche Schreiben und die Abschlußarbeit. Wissenschaftliches Schreiben hat Regeln. Wenn man diese Regeln kennt und wenn man sie befolgt, wird die Arbeit von „allein" wissenschaftlich. Natürlich setzt es Kenntnisse in dem wissenschaftlichen Bereich voraus, aber das bedeutet einzig, daß ihr etwas wißt, was ihr den Regeln anpassen könnt, mit anderen Worten: ihr habt etwas zu sagen respektive zu schreiben. Und je mehr ihr zu sagen habt und je besser es ihr den Regeln wissenschaftlichen Schreibens anpassen könnt, desto entzückter werden eure Gutachter seyn.

Ganz ohne ein paar Erläuterungen zum Formalen werden wir also doch nicht auskommen. Wir werden darauf noch zu schreiben kommen. An dieser Stelle sei nur gesagt, dass das stupide Einhalten der Formalitäten bereits die halbe Miete ist.

Das Problem, mit dem nun aber viele Studenten zu kämpfen haben, ist, daß die meisten das nicht wissen und sie keine Übung im wissenschaftlichen Schreiben haben, da das wissenschaftliche Schreiben nicht an der Uni gelehrt wird, wenn man von wenigen Ausnahmen absieht, die letztlich auch fakultativ angeboten werden und Eigeninitiative voraussetzen.

Jaja, ich nerve euch wahrscheinlich schon mit meinem antineoliberalen Gequatsche, aber aus neoliberaler Sicht macht es sogar Sinn, wissenschaftliches Schreiben nicht zu fördern. Denn wissenschaftliches Schreiben fördert verschiedene Kompetenzen. Die wichtigsten scheinen mir zu seyn: selbständiges Denken, kritisches Denken, Reflexivität und Selbstreflexivität. Ein System, das unendliches Wachstum propagiert, kann mit diesen Kompetenzen nicht allzuviel anfangen. Und die zunehmende Ausrichtung der Universitätslandschaft auf die Bedürfnisse der Wirtschaft und die schleichende Einkehr des Positivismus in geisteswissenschaftliche Fächer (mein Lieblingsbeispiel hier: qualitative Inhaltsanalyse) sorgen dafür, daß Alternativen immer mehr an den Rand und aus der Universität gedrückt werden (mein Lieblingsbeispiel hier: Wieviele theoretische Schulen werden in den Wirtschaftswissenschaften in der Regel gelehrt? Eine. Die Chicagoer Schule, was einiges in dieser Welt erklärt.)

Ach so, es gibt übrigens noch einen zweiten Aspekt, den sich ein Ghostwriter zu nutzen macht. Der Ghostwriter profitiert von der Annahme, von dem „als ob", d.h. dass Ghostwriter mit dem Bonus der Abschlußarbeit rechnen : *„Na, wenn der/ die so weit gekommen ist, dann erst mal Respekt."*

Schon mal von jemandem gehört, der durch die Abschlußarbeit geflogen ist? Also ich nicht. Ihr könnt nicht durchfallen, ES SEI DENN ihr verstoßt gegen ALLE Richtlinien und ALLE Regeln des wissenschaftlichen Arbeitens (hier kenne ich allerdings schon einige Fälle, für blöde sollte man Profs nie halten) oder seit der Todfeind des Profs. Bei letzterem wärt ihr ziemlich bescheuert, euch diesen Prof auszusuchen, und für das andere stehen in diesem Leitfaden alle wichtigen Hinweise, um die Regeln einzuhalten. Am Ende werden die 10 Goldenen Regeln noch einmal zusammenfassend kurz und prägnant aufgelistet.

All das heißt jetzt natürlich nicht, daß ihr unsauber arbeiten sollt. Das dürft ihr unter keinen Umständen, aber ihr braucht auch keine Angst zu haben. Die Wissenschaft ist genau so ein Bereich wie jeder andere in unserer Welt. Da gibt es Erfahrene und weniger Erfahrene (zu denen ihr gehört) und Regeln, die man beachten muß, wenn man Erfolg haben will. Also so wie in eurem Studentenjob. Mit dem werdet ihr auch nicht emotional verwachsen seyn und wenn ihr ihn länger machen wollt, werdet ihr auch die Regeln befolgen, die dort wichtig sind. Beim wissenschaftlichen Schreiben ist es nicht anders.

1.3 Die Dozenten – oder:
Mein Prof, das unbekannte Wesen

Der Prof an sich hat wenig Zeit und betrachtet die Arbeit mit den Studenten als notwendiges Übel. Das trifft auf jeden Prof zu. Selbst die Prof's, die sagen, daß sie Studenten mögen und denen die Lehre wichtig ist, haben nur 24 Stunden Zeit, und in der Regel ist diese Zeit ausgefüllt mit eigenen Tätigkeiten. Studentenarbeiten werden dazwischen geschoben.

Ein illustres Rechenbeispiel: Wenn man eine wissenschaftliche Arbeit gründlich liest und mit Kommentaren versieht, schafft man zwischen 10 und 15 Seiten in der Stunde. Eine normale Bachelorarbeit von 40 Seiten kostet den Betreuer somit zwischen 3 und 4 Stunden Zeit. Bei einer normalen Master-Arbeit von 60 Seiten sind es zwischen 4 und 6 Stunden. Ihr werdet es nicht für möglich halten, aber ihr werdet nicht die einzigen bei dem Betreuer eurer Wahl seyn, die dort Abschlußarbeiten abgeben wollen.

Die folgende Rechnung ist etwas billig, aber sie ermöglicht trotzdem eine gewisse Ahnung dessen, was ich aussagen möchte: Nach dem Bundesamt für Statistik (Ups, wo is' denn die Quelle hin?) arbeiteten in Deutschland satte (im doppelten Sinne) 45000 Professoren und -rinnen bzw. insgesamt 65000 Hochschullehrer. Deutschland hat im Jahr plusminus 2 Millionen Stundenten. Somit kommen auf einen Prof ca. 60 Studenten.

Jedes Jahr gibt es ca. 400000 Absolventen. Hier sieht das Verhältnis schon besser aus. Wenn wir die Absolventen auf die Hochschullehrer verteilen kommen wir auf ein Verhältnis von ca. 1:6. Jeder Hochschullehrer hat also im Jahr 6 Abschlußarbeiten zu kontrollieren. Das klingt eigentlich machbar. Das Problem ist, daß Studenten bei den meisten Hochschullehrern ganz unten auf der To-Do-Liste stehen und Abschlußarbeiten sind nicht das einzige, was sie von der studentischen Basis bekommen: da wollen auch Hausarbeiten kontrolliert, Klausuren durchgesehen und Sprechstunden abgehalten werden.

Und jeder kennt das: eine sechsstündige Arbeit, auf die man aber auch sowas von keine Böcke hat, rutscht immer weiter nach hinten. Und der kleine Teufel im Kopf sucht immer nach weiteren Ausreden, sich diese Arbeit vom Halse zu schaffen. Und wenn man sich dann doch mal daran setzt, will man es so schnell wie möglich hinter sich haben. Profs sagen dann in solchen Fällen wahrscheinlich: *„Die Form ist in Ordnung, kann kein ganz so dummer Hund sein."* oder *„Die ersten Sätze lesen sich ganz gut."* oder *„Okay, Quellen sind korrekt."* oder *„Ja, Gliederung ergibt Sinn."* und dann werden sie stichpunktartig bestimmte Kapitel und Seiten lesen bis sie am Schluß angekommen sind. Ich müßte mich schon sehr täuschen, wenn Profs mehr lesen als sie müssen. Sie lesen meiner Meinung nach nur in drei Fällen mehr oder alles:

Fall 1: Sie kennen den Studenten persönlich, mögen ihn und wissen von ihm, dass er auch einer Diss nicht abgeneigt ist.
Fall 2: Die ersten Sätze sind so spannend oder lustig oder außergewöhnlich, daß der Prof regelrecht in den Text gezogen wird.

Fall 3: Die Form ist Scheiße. Das Inhaltsverzeichnis ist Scheiße. Das Abstract ist Scheiße. Die ersten Sätze sind Scheiße. Die Quellendarbietung ist Scheiße. Prof dann so: *„Ey, will der mich verarschen, der Spacko, mir so'n Scheiß anzudrehen."* Wenn ihr das erreicht habt ... Gute Nacht ... das Ding ist durch, aber nicht so wie ihr gehofft habt, denn über die Eitelkeit des Profs habt ihr dessen Intellekt angeregt und der will euch jetzt zeigen, daß ihr es nicht verdient habt, vor ihm zu bestehen. Fall 3 ist somit unter allen Umständen zu vermeiden.

Ach, noch zu Fall 2. Nehmt es mir bitte nicht übel, aber ich denke wir wissen wohl alle, daß dieser Fall bezogen auf euch und eure Arbeiten ins Land der Träume gehört .... aber wie war das mit den Pferden und der Apotheke ....?

Außerdem wissen auch die Profs, daß nur wenige Schreibkurse besucht haben, um die Arbeit anfertigen zu können. Sie wissen, daß es in der Regel keine Angebote an den Unis gibt, wo man das Schreiben lernen kann. Wenn, würde das ja an ihnen hängen bleiben, und das wäre ja wieder mit Arbeit verbunden und mit dem Verlust ihrer Zeit. Damit will ich wieder nicht sagen, daß eure Betreuer doof sind oder sie eure Arbeiten überhaupt nicht lesen, aber studentische Abschlußarbeiten haben bei ihnen definitiv keine oberste Priorität. Und genau damit kann man wieder arbeiten. Wenn die Formalitäten stimmen, das Auge befriedigt wird, das Inhaltsverzeichnis knackig daher kommt und die Einleitung Sinn ergibt, habt ihr die Weiche für eine wohlwollende Einstellung eurer Arbeit gegenüber ein großes Stück in diese Richtung geschoben.

Betreuer geben sich gerne intelligent, freuen sich, wenn man ihnen Fragen stellt, geben viele Hinweise (an die man sich aber nicht zwingend halten muß; man wird schon merken, welche Hinweise ernst gemeint sind). Oft sind es kleine Formsachen, die ihnen wichtig sind. Gerade mit diesen Dingen kann man punkten. Es kann auch vorteilhaft seyn, sich ein, zwei Artikel oder Bücher der Professoren auszuleihen und wenigstens die Einführungen zu lesen, um etwas über ihre Denke zu erfahren oder sogar daraus zu zitieren. Vielleicht findet man heraus, welche Theorien sie besonders favorisieren, welche sie gar nicht leiden können. ABER: darauf achten, daß das Buch nicht 30 Jahre alt ist, da sich auch bei Professoren Sympathien für Theorien verändern können (was aber nicht die Regel ist, hihi). Und bei einer Frau kann es manchmal hilfreich seyn, geschickt emanzipatorische Gedanken einfließen zu lassen, und wenn es nur ein Zitat von Susan Sontag oder Simone de Bolivar ist.

Es geht in der Diplomarbeit nicht (nur) um Wahrheit, es geht um den möglichst schmerzlosen, wahrhaftigen Abschluß eines Kapitels, das endlich mal auch abgeschlossen seyn will und den man am liebsten schon hinter sich hätte. Und wenn da die ein oder andere geschickt eingesetzte Manipulation hilfreich seyn kann.... hey, warum nicht. Machen die Medien doch schon seit Jahrzehnten. Kann also nicht sooo böse seyn.

Es lohnt es sich also, etwas über den Prof und seine Denke zu wissen: wo könnte man ihn herausfordern, was sollte man nicht erwähnen.

Sofern es nicht total falsch ist, werden Professoren in der Regel auch nie in Büchern nachschlagen, geschweige denn Bücher oder Artikel bestellen, um etwas in Abschlußarbeiten zu überprüfen. Sie werden auch nie Seitenzahlen überprüfen, sofern nicht wirklich etwas total verdächtig ist wie z.B. die das Erscheinungsdatum „2115" oder die Seitenzahl „1235" der Einzelausgabe von Kants „Zum ewigen Frieden".

An dieser Stelle doch noch ein Wort an die Professoren und Betreuer. Nehmt mir bitte viele Beispiele nicht übel, aber das Buch ist für Studenten geschrieben, die oft zu großen Respekt vor den Professoren haben. Und dieser Respekt ist oft mit daran Schuld, daß die Studis auch Respekt vor der Abschlußarbeit haben.

Verzeiht also, liebe Hochschullehrer, wenn ich das ein oder andere Mal eure Profession etwas, naja, sagen wir, etwas derangiere. Aber ich mache das nur für einen guten Zweck. Die Studis sollen die Angst vor euch ablegen. Und hierzu ist es nunmal auch hilfreich, ihnen zu zeigen, daß ihr Hochschullehrer ein ziemlich seltsames Völkchen seid, vor denen man einfach keine Angst haben muß. Vor einem tätowierten Zwei-Meter-Hünen, der gerade fluchend aus seinem 190-Luden-Mercedes-Coupe aussteigt, in das man mit dem eigenen Uraltcorsa reingeschossen ist ... vor dem kann man nicht nur, sondern sollte man Angst haben. Alles andere ist Kommunikation unter intelligenten Menschen, von denen einige eben wenig Zeit haben.

Und letztlich verstehe ich euch ja, liebe Hochschullehrer. Ihr habt es auch nicht leicht in dieser Welt. Alle prügeln auf euch ein. Niemandem könnt ihr es recht machen. Ihr wollt ja auch nur euer Schäfchen ins Trockene bringen in dieser kalten, rauen, bösen Welt. Und ihr seid nun mal en gros' keine Pädagogen, und dann kann man von euch nicht verlangen, pädagogisch wertvoll mit den Kiddies an der Uni umzugehen. Aber das ist okay. Macht einfach so weiter wie bisher und dieser Leitfaden wird sich verkaufen wie geschnitten Brot.

1.3.1 Die Arbeit mit dem Dozenten oder:
Wie führe ich einen Prof an der langen Leine

Ein wichtiger Punkt bei der Planung seines Abschlußes ist die Auswahl des Erstgutachters für die Abschlußarbeit. Diese sollte gut überlegt seyn.
Ich unterscheide gerne 4 Typen von Betreuern, wobei diese Typisierung natürlich wissenschaftlich nicht fundiert ist:

Der **Star** der Fakultät: Die gibt es dem Begriff nach vielleicht nicht an jeder Fakultät, aber an jeder Fakultät gibt es bestimmt einen, der stärker im Rampenlicht steht als seine Berufskollegen. Das kann berechtigt seyn oder auch nicht, aber in jedem Fall ist davon auszugehen, daß dieser jemand noch weniger Zeit hat, als andere Hochschullehrer. Das kann für euch ein Vorteil seyn. Allerdings kann derjenige auch besonders eitel seyn und davon ausgehen, daß nur die wenigsten Studenten das Recht haben, von ihm gut benotet zu werden.

Der **Neuling**: Seit einigen Jahren überschwemmen die Juniorprofessuren das Land. Diese und generell Hochschullehrer, die erst seit kurzem an der Uni sind und vielleicht noch nicht so viele Seminare gegeben haben, haben ein großes Interesse daran, sich einzubringen, auf sich aufmerksam zu machen. Und sie haben oft auch mehr Zeit als die anderen. Die brennen auch noch mehr. Je nach Typ kann das nun von Vorteil für die Studenten seyn oder von Nachteil. Sind die Scheiße drauf, wird bei ihnen das Kritische überwiegen. Glauben die an so etwas wie einen Bildungsauftrag, kritisieren sie in eurem Interesse. In beiden Fällen aber: es kommen hier also mehr Fragen und Anmerkungen als bei den anderen. Wählt ihr so jemanden als Betreuer, sollte euch das bewußt seyn. Es kann auch durchaus seyn, daß diese Jungspunde noch stark in ihrem eigenen Denken gefangen sind und noch keinen wirklichen Weitblick für das Fach und kein Fingerspitzengefühl für Studenten entwickelt haben. Das kann dann dazu führen, daß sie Studenten zu stark beeinflussen und in ihr eigenes Fahrwasser ziehen. Ganz, ganz ungünstig für euch. Bekommt man leider erst mit, wenn man mit ihnen zusammenarbeitet.

Der „**alte Prof**" und der **Emeritierte**: An so einen kommt ihr wahrscheinlich nur über persönlichen Kontakt. So jemand wird euch wohl nur annehmen, wenn ihr ihm bekannt seid oder ein ehemaliger Student von ihm euch weiterempfohlen hat. Wenn das aber klappt, habt ihr jemanden, der zwar von allen Prof-Typen die meiste Zeit hat, der aber auch am entspanntesten von allen ist. Der muß nichts mehr beweisen, hat keinen Ruf mehr zu verlieren und auch keine Drittmittel mehr anzuwerben.

Der **Durchschnitt**: Naja, Durchschnitt ist Durchschnitt. Von allem etwas, von nichts genug und immer darauf ausgerichtet, alles durchschnittlich über die Runden zu bekommen. Nicht unbedingt die schlechteste Wahl.

Was ich euch mit dieser zugegeben sehr klischeehaften Typisierung deutlich machen wollte, ist die Besonderheit der Betreuerauswahl. Hier solltet ihr nichts dem Zufall überlassen. Und die Wahl solltet ihr im Interesse der Arbeit wählen. Also vergeßt süße Augen, schöne Anzüge, eloquente laute Selbstgespräche oder das teure Auto auf dem Profparkplatz. Wählt aus, welcher Prof am besten zu eurem effizient durchgestylten Textprojekt passen könnte. Mit anderen Worte: Dreht das Verhältnis um! Benutzt den Prof für euch! Denn zum Benutzen sind sie da!

In jedem Fall solltet ihr vor dem Erstkontakt in dem Institut genau recherchieren, wer ein geeigneter Kandidat ist. Fragt Kommilitonen, lauscht Gerüchten und verwickelt die Sekretärinnen in Gespräche. Die wissen in der Regel Bescheid.

In eure Wahl sollten auch folgende Überlegungen einfließen, wobei ihr bestimmte Aspekte erst im Kontakt werdet erfragen können:

Ihr solltet nicht ohne Plan seyn und nicht ohne Plan in das Gespräch gehen. Zu meiner Zeit bestand der Erstkontakt immer in einem Gespräch. Ich habe es aber jetzt bereits schon mehrfach mitbekommen, daß der Kontakt auch schriftlich erfolgte. Geht aber von einem Gespräch aus.

Macht euch vor dem Gespräch Gedanken darüber, was ihr von dem Betreuer wollt: wollt ihr viel Kontakt oder wenig Kontakt, wollt ihr Teillieferungen abliefern oder erst das komplette Ding. Das ist natürlich auch abhängig von dem Prof, aber vielleicht habt ihr schon Dinge im Vorfeld gehört, die zu eurem Plan passen.

In das Gespräch geht ihr natürlich mit einem mindestens grob vorbereiteten Thema. Und ihr habt einen Grund parat, warum ihr damit bei diesem Prof auftaucht und nicht bei dem eine Etage tiefer. Nachdem er „aha" und „oho" gesagt hat, wird der Prof jetzt einige Verständnisfragen an euch richten. Es ist auch vollkommen okay, ab einem gewissen Punkt die Fragen nicht mehr beantworten zu können. Sagt ruhig, daß ihr noch nicht so weit seid. Dann wird er Vorschläge machen, so ein paar Richtungen vorgeben, aber das ist okay, denn ein komplett neues Thema wird es jetzt nicht mehr seyn – erster Punkt für euch.

Bietet ihm dann eure Überlegungen zum organisatorischen Vorgehen an. Ich würde euch empfehlen, zwei Teillieferungen bei ihm durchzusetzen: die Gliederung und eine Textprobe (vielleicht die ersten 10–15% des Gesamttextes). Wenn die Einschätzung des Betreuers dann (hoffentlich zügig) zurückkommt, wißt ihr dann, ob eure inhaltliche Ausrichtung im Groben und ob euer Stil okay sind bzw. was jeweils getan werden muss, damit dies so ist. Sollte hier viel Kritik kommen, hat man nicht sinnlos weiter gearbeitet und muß nicht zu viel überarbeiten. Ihr solltet die Teillieferungen also schon mit der Bitte um schnelle Rückmeldung verbinden. Wenn man das mit dem Zeitdruck nett und freundlich begründet, sollte das auch so passieren.

Wenn der Betreuer es mitmacht, könnte man noch als dritte Teillieferung die fertige Arbeit zur ersten Sichtung abgeben, um dann die Kritikpunkte zu überarbeiten, um so eine bessere Zensur heraus zu holen. Allerdings sollte man den Kontakt mit dem Betreuer nicht zu sehr in den Fokus rücken, weil man sich sonst zu weit von sich und der Arbeit entfernt und zu sehr auf den Betreuer ausgerichtet ist. Vor allem artet das dann in Stress aus und Stress in allen Formen sollte man während der Bearbeitung unbedingt vermeiden. Auf zu viel Kontakt legen die Betreuer in der Regel auch keinen Wert (siehe vorangegangenes Kapitel).

In dem Gespräch sollten zwingend auch die Formalitäten abgeglichen werden bzw. sollte erfragt werden, ob auf irgendetwas besonders Wert gelegt wird. Rhetorisch könntet ihr nachfragen, ob die Harvard-Zitierweise die richtige ist. Besonders einschleimend, also besonders gut, wäre es, wenn ihr fragt, ob die Zitation so erfolgen soll wie in der Monographie von ihm mit dem Titel „Blablabla". Da solltet ihr aber nur machen, wenn ihr das Buch kennt, denn es wird eine Frage danach folgen. Am Ende des Gesprächs solltet ihr danach fragen, ob die Kommunikation auf die elektronische Variante umgestellt werde könnte.

Ich habe es zwar schon kurz erwähnt, aber da es wichtig ist, wiederhole ich es gerne an dieser Stelle noch einmal. Wenn ihr den Erstbetreuer habt, fragt diesen nach dem Zweitbetreuer. Es kommt nicht selten vor, daß der Student zum Spielball zwischen zwei verfeindeten Professoren wird. Das sollte man unter allen Umständen vermeiden. Dies kann aber leicht geschehen, wenn man sich selbst auf die Suche nach dem Zweitbetreuer macht, da man (1) die Eitelkeit des Zweitgutachters kränkt, da man ihn ja nur als Zweiten kontaktiert, und weil die kleinen unscheinbaren Studenten (2) meist nichts über die Ränke wissen, die am Institut im Hintergrund laufen. Und da gibt es überall welche, überall. Teilweise sind die sogar noch schlimmer als die des „normalen Volks", da hier Intellektuelle am Werke sind, denen die frische Direktheit des „Volks" in der Regel abgeht. Ich sage nur: *„Natürlich schätze ich die Arbeit meines werten Kollegen, wenn man bedenkt in welchem katastrophalen Umfeld und mit welchen schlimmen Handicaps er seine Forschung betreibt."*
Das ist hohe Kunst.

2. Die Arbeit

2.0 Die Emotion

Tut mir leid Leute, daß ich wieder darauf zurück komme, aber beim Arbeiten selbst ist die wichtigste Regel, das Gefühl auszuschalten. Deshalb habe ich dieses Kapitel mal vorgeschoben und mit „2.0„ gekennzeichnet. Ein Kapitel „2.0" wird es aber bitte in eurer Arbeit nicht geben.

Okay. Wir wiederholen die Lektion drei: *„Meinem Text gegenüber habe ich keine Gefühle."*

Ghostwriter sind schnell, weil sie Erfahrung haben, aber sie sind auch schnell, weil sie eines abgestellt haben: das Gefühl bezüglich der Arbeit. Sie gehen komplett rational an die Arbeit heran, sie überlegen einen Satz nicht fünf Mal, sondern formulieren einen Satz und lassen den stehen, denn sie wissen, dass der fünfte Versuch nicht besser seyn wird, als der erste. Er wird nur Zeit gekostet haben.

Die Emotionslosigkeit ist allerdings nicht nur auf das Schreiben bezogen. Ein Ghostwriter will einen guten Job machen, aber ihm ist der Text egal. Und genau mit dieser Einstellung geht er an die Arbeit heran. Mit dieser Einstellung recherchiert er, mit dieser Einstellung liest er, mit dieser Einstellung nimmt er Korrekturen vor, wenn dies nötig ist. Das Wichtigste, was ihr von einem Ghostwriter lernen könnt, ist es, das Gefühl bezüglich der Arbeit auszuschalten. Betrachtet den Text, den ihr zu schreiben beabsichtigt, als den Text eines Fremden. Und einem Fremden gegenüber verhält man sich immer etwas kühler, rationaler, pragmatischer als sich selbst oder einem guten Freund gegenüber, oder?

Ein Ghostwriter denkt nicht primär an den Erkenntnisgewinn, sondern an einen „runden" Text, an das Designen des Textes. Natürlich hat er die Erfahrung wie wissenschaftliche Sätze aussehen müssen, aber diese Erfahrung habt auch ihr: denn ihr habt bisher in eurem Studium einen Haufen wissenschaftlicher Literatur gelesen. Ihr habt das nur vergessen bzw. ist es euch nicht bewusst und deshalb haltet ihr euren Text für etwas komplett anderes. Ist er aber nicht.

Ein Ghostwriter liest schnell, sortiert schnell, denkt schnell und schreibt schnell. Ein guter, seriöser Ghostwriter kann einen originären Text schneller schreiben als ein unseriöser Ghostwriter einen Text per Copy and Paste (mit einigen Überarbeitungen) erstellen kann.

Glaubt ihr, dass man eine 80-seitige Abschlußarbeit, die dem Minimum des wissenschaftlichen Anspruchs gerecht wird, in 5 Tagen schreiben kann? Glaubt ihr nicht? Doch, das funzt! Wir reden hier nicht von einem Text mit ausgefeilten Sätzen, einer originellen Struktur, Überraschungsmomenten für den Leser und einem großartigen Erkenntnisgewinn. Wir reden von einem Text, der einzig beweist, dass man wissenschaftlich arbeiten kann. Zugegeben, an diesen fünf Tagen genügt der 8-Stunden-Arbeitstag nicht. Und wenn ein Ghostwriter, der hier ein guter Ghostwriter seyn muss, das hinbekommen möchte, muss er alle seine Fähigkeiten mobilisieren.

Ich erwähne das Beispiel nicht, um vor euch anzugeben (ich war übrigens auch nicht der Held, der das hinbekommen hat), sondern um zu zeigen, was möglich ist. Seht es als Maßstab an, an dem man sich orientieren kann. Den werdet ihr zwar nicht erreichen, müsst ihr aber auch nicht und könnt ihr höchstwahrscheinlich auch nicht, weil hierzu schon ein paar Jahre Erfahrung im wissenschaftlichen Schreiben nötig sind, aber es verdeutlicht, wie effizient und sparsam und gleichzeitig doch wie wissenschaftlich bei einer Texterstellung gearbeitet werden kann. Und genau darum geht es. Davon sollt ihr lernen.

Ich möchte aus euren Köpfen den unnötigen Ballast entfernen, der sich um solche Fragen wie *„Kann ich das, schaffe ich das, ist der Satz gut genug, nehme ich besser diese oder jene Quelle"* dreht. Diese Fragen stellt sich ein Ghostwriter nicht mehr.

Das mag jetzt etwas seltsam klingen, aber ein Ghostwriter denkt beim Schreiben nicht. Er denkt nicht an das, was er tut. Er tut es einfach. In der Hinsicht kann Ghostwriting auf hohem Niveau schon etwas Kontemplatives haben. In dem Film „Sherlock Holmes – Spiel im Schatten" von Guy Ritchie gibt es eine Szene in der zweiten Hälfte des Filmes, als die beiden Helden mit einigen anderen aus der Waffenfabrik geflohen sind und nun versuchen, sich in einem fahrenden Zug in Sicherheit zu bringen. Ein Verfolger, ein Scharfschütze, bleibt abgeschlagen zurück, versucht aber trotzdem noch einen Treffer anzubringen. Er hockt sich hin, ganz ruhig, atmet ganz tief und langsam mehrmals ein und aus, hält dann aber plötzlich die Luft an und absolviert den restlichen Ablauf extrem schnell – Gewehr anlegen, zielen, schießen. Er trifft. Und darum geht es.

Nun sollt ihr nicht auf jemanden schießen und auch nicht die ganze Zeit, während ihr die Arbeit schreibt, die Luft anhalten; ihr wisst schon, warum nicht. Aber ihr könnt dieses Bild benutzen, um immer wieder den Prozess des Tuns zu fokussieren. Nicht nachdenken, warum ihr das macht. Machen. Oder wie sagte Erich Kästner: *„Es gibt nichts Gutes, außer man tut es."*

Und euren Text fertigzustellen, ist zwar moralisch uninteressant für diese Welt, aber auf jeden Fall für euch etwas außerordentlich Gutes. Aber ich denke, ihr versteht, was ich meine.

Ein Ghostwriter hat stets das Anliegen, sein Zeitmanagement zu verbessern. Wenig Arbeitszeit für einen Auftrag bedeutet höherer Stundenlohn und mehr Aufträge in einem bestimmten Zeitrahmen. Mehr Arbeitszeit für einen Auftrag bedeutet geringerer Stundenlohn und weniger Aufträge in einem bestimmten Zeitrahmen. Für die Arbeitsweise bedeutet dies, dass der Ghostwriter nach Möglichkeiten sucht, seine Fähigkeiten zu verbessern und die einzelnen Arbeitsschritte zu optimieren. Im folgenden soll aufgelistet werden, wie Zeit eingespart werden kann, ohne – und das ist ganz wichtig – unwissenschaftlich zu werden oder – ein wirkliches NO-GO – abzukupfern. Unter uns gesagt: Abzukupfern ist überhaupt nicht nötig. Die Wissenschaft hält genügend Möglichkeiten bereit, um einen starken Text zu formen, der ein Unikat darstellt und als wissenschaftlicher Text akzeptiert wird. Man sollte auch nie vergessen, worüber wir reden: wir reden hier NUR über die Abschlußarbeit. Das ist alles – ein einfacher Text.

Im zweiten Abschnitt dieses Leitfadens wird nun ein Teil des effizienten Arbeitsprozesses vorgestellt, aber die wichtigste Regel, die jeder Ghostwriter beherzigt, ist das Ausschalten der Emotion bezogen auf den Text.

2.1 Die einzelnen Schritte und ihr zeitlicher Ablauf

Der Spruch *„Ordnung ist das halbe Leben"*, den ihr mit Sicherheit schon mal gehört habt, kann bezüglich der Abschlußarbeit abgeändert werden in *„Planung ist die halbe Abschlußarbeit"*.

Ich habe schon erwähnt, daß das Schreiben erst am Schluß kommt. Und das nicht ohne Grund. Das Schreiben geht umso leichter, je besser man diesen Arbeitsschritt vorbereitet hat. Wenn man in einem Thema wirklich tief drin steckt, wie viele Professoren (weil die armen Schweine nichts anderes machen) oder Ghostwriter, die schon seit Jahren nur ein oder zwei Fachgebiete bearbeiten, kann man auch sofort mit dem Schreiben beginnen. Ihr kennt das ja wahrscheinlich von euren Professoren. Da stellt man eine simple Frage, und plötzlich fangen die an zu schwafeln ohne Ende und nennen Quellen und das ganze Pipapo. Das werdet ihr – wieder Entschuldigung für diese Annahme – aber wohl nicht hin bekommen. Daher schreibt ihr schön am Schluß.

Bevor ihr überhaupt irgendetwas macht, plant ihr euren Text. Denn das Wichtigste für einen Ghostwriter und für einen Strategen wie euch ist der Zeitfaktor beim Erstellen der Arbeit. Ihr müßt euch überlegen, wie viel Zeit ihr investieren wollt oder könnt. Mit anderen Worten: wir drehen das Ganze um. In den meisten Leitfäden zum Erstellen von Abschlußarbeiten wird das Thema „Zeit„ nebenbei, stiefmütterlich oder gar nicht behandelt. Es ist aber der wichtigste Punkt, um nicht in Hektik zu verfallen und um den Text mit seinem Alltag abzustimmen. Daher müßt ihr zwei wichtige Entscheidungen treffen:

- Bis wann soll der Text fertig seyn? (Und „fertig„ heißt hier wirklich fertig, nicht so'n Ding wie: *„Ist eigentlich fertig. Fehlt bloß noch die Einleitung, ein, zwei Tabellen, Korrekturlesen....".* Das ist nicht fertig. Fertig ist ein Text nach der Endkontrolle.)
- Wie viel Zeit wollt ihr im Monat, in der Woche, am Tag für den Text aufwenden?

Ihr habt jetzt zwei Antworten, die eventuell nicht so recht zusammenpassen. Das ist in Ordnung. Um die Antworten einander anzunähern, gehen wir die Planung jetzt gemeinsam durch, allerdings möchte ich schon mal vorausschicken, dass es definitiv nicht funktionieren wird, nur eine Stunde täglich am Text zu arbeiten, wenn ihr diesen innerhalb von zwei Monaten fertigstellen wollt.

Falls ihr es noch nicht mitbekommen habt: das Buch hier heißt „für Strategen" und nicht „für faule Säcke". Etwas Leistung wird euch schon abverlangt werden. Und zur Bib werdet ihr euch definitiv aufmachen müssen. Und wenn euch nicht die Bücher dahin ziehen, dann vielleicht der gute Kaffee in der Cafeteria oder, bei den Männern, die hübschen Studentinnen, von denen rein statistisch gesehen, 38% noch Single sind, und somit vielleicht nur 3 angesprochen werden müssen, um ein Date zu bekommen, das natürlich in die Zeit NACH der Tagesarbeit an der Abschlußarbeit gelegt wird.

Und bei den Frauen, vor allem bei den erwähnten 38% könnten die Männer Motivation seyn, sich in die Bib zu bewegen. Der Singleanteil bei den Männern beträgt 45%?, also fast jeder Zweite. Wie die Werte homosexueller Singles aussehen, weiß ich nicht, aber der eine oder die andere wird auch schon dabei seyn.

Sucht euch eine zusätzliche Motivation, die euch dahin treibt, wo ihr hin müßt. Denn die Erfahrung zeigt auch, daß Menschen, die es nicht gewohnt sind, Schreibtischarbeiten zu erledigen, sich leichter im heimischen Umfeld ablenken lassen. Ihr solltet also auch in eure Überlegungen einbeziehen, wo ihr arbeiten wollt und wo ihr auch gut arbeiten könnt, ohne andauernd andere anzubaggern.

Ihr habt die Frage nach der Fertigstellung beantwortet. Schön. Aber kennt ihr auch den organisatorischen Ablauf eures Instituts bezüglich des Abschlußarbeitsprozederes? Nein? Na dann hurtig ins Netz. Wir warten ...

... gut. Alle wieder da. Also. Ihr wißt jetzt, wann ihr spätestens fertig seyn müßt. Da ziehen wir gleich mal mindestens zwei Wochen als Puffer ab. Dann wißt ihr, welche Feiertage in die Zeit fallen, an welchen Tagen ihr arbeiten müßt oder noch Uni habt. Dann rechnet den Geburtstag eurer Omi raus und den Trip mit Kumpels oder Kumpelinen an die Ostsee, die Nordsee oder auf den Skihang. Ihr habt dann eure potentiellen Arbeitstage. Die nehmen wir jetzt erst einmal als Grundlage.
Sagen wir mal, vom aktuellen Tage an bis zur gewünschten Abgabe eurer, sagen wir mal, Bachelorarbeit im Umfang von 45 Seiten liegen

3 Monaten und 2 Wochen. 2 Wochen raus, also 3 Monate. Ihr habt also 3 Monate, um 45 Seiten auf's Papier zu zaubern.

Als nächstes rechnen wir alle Tage raus, an dem das Arbeiten am Text unmöglich ist. Da wir Strategen sind und wir wissen, daß auch das eine oder andere Wochenende besser für andere Sachen genutzt wird und auch die ein oder andere Verzögerung eintreten kann, rechnen wir auch zusätzlich noch ein paar Tage raus.

Sagen wir mal, daß wir Strategen auf 3 volle 8-Stunden-Arbeitstage in der Woche kommen. Die können natürlich auch noch gesplittet seyn, aber zu sehr zerstückeln solltet ihr nicht, weil dies die Konzentrationsfähigkeit erschwert und man immer wieder neu ins Arbeiten erst hineinkommen muß. Entscheidend für die Länge eures „Arbeitstages" ist eure Leistungsfähigkeit, die ihr mittlerweile nach 25 Jahren Studium kennen solltet. Und vielleicht kommt ihr mit fluffigen 6 Stunden am Tag besser klar, als mit 8 Stunden, bei denen ihr euch durch die letzten 2 quälen müßt. Das könnte dann auch euren Zeitplan durcheinander bringen. Bei 6 Stunden am Tag müßtet ihr an 4 Tagen ran, denn in unserem Beispiel sind es pro Woche 24 Arbeitsstunden. Im Monat sind es somit 96 Arbeitsstunden. In den drei Monaten stehen euch somit 288 Arbeitsstunden zur Verfügung. Wow! Viiiiiiiieeeeeeeellllllll Zeit!

Und da wir Strategen sind und auch ihr nicht auf den Kopf gefallen seid, kürzen wir das Ganze auf 200 Stunden. Auch das ist noch viiiiiieeeeeelllllll Zeit. Und hey, ihr habt gerade 88 Stunden gewonnen bzw. einen knappen Monat, euren Puffer vor der Abgabe extrem vergrößert und genug Zeit, um weiter an eurer Karriere zu feilen, mehr rumzubaggern oder 9152 Briefkuverts in eurem Studentjob zu falten. Ist doch super, oder?

Diese 200 Stunden sind unsere Ausgangsbasis, auf die die einzelnen Arbeitsschritte verteilt werden. Mit den folgenden Arbeitsschritten und den dazugehörigen zeitlichen Richtwerten arbeiten viele Ghostwriter:

1. Recherche: 10%
2. Bibliotheksbesorgung und Recherche vor Ort: 10%
3. Gliederung/Exposé/Struktur: 10%
4. Lektüre: 30%
5. Schreiben:30%
6. Endkontrolle und Nacharbeit: 10%

Die Richtwerte solltet auch ihr erst einmal benutzen. Ihr werdet merken, welche Arbeitsschritte euch leicht oder schwer fallen, und werdet dann automatisch davon abweichen bzw. kann die Zeit, die z.B. bei den Punkten 1, 2 und 3 eingespart wird, an die Punkte 4 oder 5 angehangen werden.

Behaltet aber immer die maximale Stundenzahl im Blick. In diesem Fall die 200. Wenn ihr nach Punkt 4 bereits 180 Stunden verballert habt, ist das etwas ungünstig. Aus diesem Grunde empfehle ich euch, ein Arbeitstagebuch zu führen, in dem ihr eintragt, wie viele Stunden ihr an dem Tag an welchem Arbeitsschritt gearbeitet habt. Ich bevorzuge hier eine einfache Exceltabelle mit „Datum", „Arbeitsschritt" und „Stundenanzahl". So könnt ihr immer überprüfen, ob ihr noch im Zeitrahmen seid. Das ist gerade bei der Lektüre äußerst wichtig, da diese die meiste Zeit fressen kann, weil man noch hier was liest und da und dort. Damit das nicht passiert, kommen in Kapitel 2.4 und 2.5 noch ein paar Hinweise für die korrekte Lektüre nach Ghostwriterart.

Bleiben wir bei unserem Beispiel mit den 200 Stunden, ergibt sich folgende Aufteilung:

1. Recherche: 20 Stunden
2. Bibliotheksbesorgung und Recherche vor Ort: 20 Stunden
3. Gliederung/Exposé/Struktur: 20 Stunden

4. Lektüre: 60 Stunden
5. Schreiben: 60 Stunden
6. Endkontrolle und Nacharbeit: 20 Stunden

Wenn ihr die Zeiten habt, fangen wir nun von hinten an, die Arbeit zu konzipieren und terminliche Limits für die einzelnen Arbeitsschritte festzulegen. Ich rechne hier mal mit Arbeitswochen (AW), da ihr ja nicht alle im Sommer zur gleichen Zeit schreibt. Das könnte in unserem Beispiel, bei gut 2 Monaten (9 AW), 200 Gesamtstunden und 24 Arbeitsstunden pro Woche, etwas auf und abgerundet, dann so aussehen:

6.Endkontrolle und Nacharbeit: 9./8. AW
5.Schreiben: 8.–6. AW
4.Lektüre: 5.–3. AW
3.Gliederung/Exposé/Struktur: 3./2.. AW
2.Bibliotheksbesorgung und Recherche vor Ort: 2./1. AW
1.Recherche: 1.AW

Das Ergebnis könnt ihr dann schon fast in euren Kalender schreiben. Denn zwischen die Arbeitsschritte 1 und 2, 3 und 4 und eventuell noch im Arbeitsschritt 5 müßt ihr noch die Zeit einplanen, die eventuell euer Betreuer benötigt, um euer Thema abzusegnen und eure Gliederung und die erste Teillieferung zu prüfen. Aber das stellt kein Problem dar, da ihr ja genügend Puffer habt; bzw. solltet ihr einen Schlummi als Erstgutachter gewählt haben, bezieht das in eure Zeitliste mit ein.

2.2 Das Thema

Wie in Kap. 1.3.1 geschrieben, sollten ihr bei dem Erstgespräch mit dem Dozenten mit einem Thema erscheinen. Diesen strategischen Vorteil solltet ihr euch nicht nehmen lassen. Auch wenn die Emotion für den Arbeitsprozeß an sich hinderlich ist, ist es von Vorteil, wenn man zum Thema einen gewissen emotionalen Bezug herstellen kann. Werft sozusagen alle Emotionen, die ihr eurer Abschlußarbeit entgegen bringen wollt, in die Erarbeitung des Themas. Am Anfang eines Thema steht immer eine Frage oder ein Problem. Diese können in den unterschiedlichsten Bereichen gefunden werden, zum Beispiel:

- bei euren Interessen (Ist Sport wirklich Mord?)
- in Seminaraufzeichnungen (Warum sagt der da vorne immer so oft „ähh"?)
- im Kontext eurer Studentenjobs (Warum kann man nur 104 Briefumschläge in der Stunde falten?)
- in euren Familien (Warum ist mein kleiner Bruder ein Soziopath?)
- in euer Zukunft (Ob dem Vorstand von Volkswagen als Bewerbungsschreiben wohl ein Text über Betrug in Automobilkonzernen interessiert?)

Bei der Annäherung an ein Thema ist alles wichtig und kann erst einmal alles gebraucht werden. Begrenzt euch hier nicht. Oder anders herum gesagt: hier dürft ihr mal loslassen. Jaja, ich weiß, daß euch das schwer fällt. Macht es trotzdem.

Notiert ruhig auch eure Ängste (Was mache ich, wenn wirklich mal Aliens landen?) und eure Frustrationen (Warum schlafe ich in dieser einen Vorlesung immer ein?). Ein Thema sollte schon ein gewisses Grundinteresse bei euch hervorrufen, aber es sollte kein Lebensthema seyn (Übrigens auch nicht bei einer Diss. Die, die das bei dieser Textart nicht beherzigen, sitzen dann mal schnell 15 Jahre an ihrer Promotion. Kein Witz! Alles schon da gewesen.).

Das Thema sollte prägnant und so eingegrenzt wie möglich werden. Lang wird der Text von ganz alleine bzw. kann der Text dann fast beliebig mit Exkursen verlängert werden. Der Anfang sollte daher so klein wie möglich gewählt werden. An erster Stelle stehen also irgendwelche Fragen, Probleme, Interessen. An irgendetwas werdet ihr hängen bleiben. Definitiv. Vielleicht auch an zwei oder drei Dingen.

Der nächste Schritt, und das macht ihr dann mit jedem der eventuell vorhandenen zwei, drei rudimentären Themenansätze, besteht in einer umfangreichen Internetrecherche. Themenfindung steht stets im Zusammenhang mit einer intensiven Recherchearbeit im Netz oder auch in der Bibliothek. Im besten Falle werden Gedanken in Gang gesetzt, die von einer Internet- oder Buchseite zur nächsten treiben, von einem interessanten Artikel zum nächsten. Etwas in euch wird schon die wichtigen Aspekte bemerken und euch diese aufschreiben lassen. Themenfindung ist immer auch mit Kreativität verbunden. Laßt euch treiben.

Ach so, da fällt mir ein, also eigentlich sollte es klar seyn, aber ich schreib es doch lieber mal auf: das Thema, nach dem ihr sucht, sollte schon mit eurem Fach zu tun haben, in dem ihr die Abschlußarbeit schreibt. Wenn ihr in Politikwissenschaft schreibt, lasst die Finger von der Untersuchung gesundheitlicher Auswirkungen des Crystal-Meth-Konsums. Interessant ist hier dann schon eher, wie viele Politiker sich mit dem Zeug haben erwischen lassen, und welchen Einfluß diese Droge, wenn man die Fälle mal hochrechnet, auf die Arbeit im Bundestag hat.

Alles kann aus einer wissenschaftlichen Perspektive betrachtet werden. Es gibt nichts, was nicht zu einem Thema gemacht werden kann. Es muß nur richtig eingeordnet und mit den richtigen Fachbegriffen bezeichnet werden. Und mittlerweile gibt es für jeden Scheiß irgendeine anerkannte Methode, nach der man dies und das abklopfen kann.

Wissenschaft heißt nicht primär etwas zu beweisen (obwohl das die meisten nerdigen Wissenschaftsfuzzis gerne so sehen), sondern Wissenschaft heißt einer Spur nachzugehen und zu schauen, ob diese Spur ins Leere läuft oder zum dicken Bären führt, den man erlegen und auffressen kann. Studenten sollten aber eher aufpassen, dass sie keinem zu großen Bären nachjagen, der dann sie erlegt und auffrißt. Und großer Bär heißt hier: zu großes Thema, zu große Ambitionen, zu großer revolutionärer Eifer. Also lieber: nettes, kleines, kuscheliges, handhabbares, überschaubares Thema, am besten ohne empirischen Teil. Muß man zwar mehr lesen, aber man muß auch nur lesen, Gedanken aneinander reihen und etwas eigenes Gehirnschmalz darunter mischen.

Für die meisten besteht im Finden des „richtigen" Themas das große Problem, weil die Universität und die Wissenschaft mit ihren Fremdwörtern und ihrer Wichtigtuerei den Blick versperrt hat auf das, was Wissenschaft eigentlich ist: der Blick auf die Welt und NICHT der Blick in die Bücher oder der Blick auf theoretische Modelle. Nein, es ist der Blick in die verschiedenen Bereiche unseres Lebens. Und die sind immer mit Fragen, Problemen und Interessen verbunden.

Gut, wenn ihr euer Studium nur mit Kiffen zugebracht habt, wird euch wenig interessieren, oder Moment mal: ihr kifft? Was studiert ihr? Politik. Wie wäre es mit einer kleinen Analyse über die Verdrängung der niederländischen Coffeeshops durch die nationale Sicherheitspolitik in den Niederlanden. Und ja, warum nicht vor Ort recherchieren.

Ihr studiert VWL. Super. Geschätzter Anteil des illegalen Marihuanaverkaufs am BSP Berlins anhand von Polizeistatistiken. Klar, werden bestimmte Fragestellungen seltsame Blicke eurer Professoren auf sich ziehen, aber was soll's, ihr seht die nie wieder. Und glaubt mir, ein Prof, den ihr mit eurer Arbeit die Zeit wenigstens etwas versüßt, wird sich dafür dankbar zeigen. Außerdem lockert das ungemein auf. In der Sprechstunde werdet ihr dann mit *„Ach, der zukünftige Drogenbaron. Schon die Nische gefunden?"* begrüßt. Gibt wirklich Schlimmeres. Ich will damit nur sagen, daß jemand, der sagt, er finde kein Thema, einfach die Augen nicht aufmacht. Das Thema zu finden ist das leichteste von allen.

Auch in den Naturwissenschaften, und gerade dort. Zum Beispiel Biologie, zum Beispiel „Frösche". Ich persönlich mag Frösche nicht. Ich habe während meines bisherigen Lebens auch nie eine wirkliche Beziehung zu diesen Tieren aufbauen können, aber darum soll es ja gar nicht gehen. Ich habe keine richtige Ahnung von Biologie, aber ich kann mir vorstellen, daß die Froschforschungslandschaft Deutschlands noch einige dunkle Tümpel aufzuweisen hat.

Wie schon angedeutet, ist es eigentlich in den Naturwissenschaften ziemlich einfach, eine Abschlußarbeit zu schreiben: man braucht nur ein Thema, eine Hypothese und ein Modell, nach dem das Thema auf die Hypothese abgeklopft wird. Und das Schöne und Praktische an der Naturwissenschaft ist, daß man richtig liegt, ob man es nun beweisen konnte oder nicht, denn in der Geisteswissenschaft nehmen sich immer alle Themen, die sie beweisen wollen und das kann zu krassen Hirnverrenkungen führen.

Also weiter mit den Fröschen: in jeder Wissenschaft sind interdisziplinäre Fragestellungen möglich. Warum nicht die Frösche auch in der Biologie mal unter der ökologischen Perspektive betrachten: wie viele Mücken vertilgen sie, brüllen die Frösche einer Art in Berlin lauter als in Brandenburg.

Seht Wissenschaft nicht als Plage (obwohl sie eine seyn kann, und in der Person bestimmter Professoren auch ist), sondern als Spiel, das ziemlich viele Spielvarianten und Spielzüge bereit hält. Beim Thema kann man das ausprobieren.

Natürlich kann ein guter Ghostwriter mehr oder weniger jedes Thema bearbeiten, aber auch ein Ghostwriter freut sich darüber, wenn er einen Bezug zu dem Thema herstellen kann, sei es, weil es ihn aus aktuellen Gründen interessiert, er schon immer an diesem Kontext arbeitet oder auch weil ihn diese Frage schon als Kind umgetrieben hat. Abgesehen von diesem aufklärerischen Mehrwert, geht durch diese Motivation auch die Arbeit besser von der Hand. Arbeiten mit Scheißthemen sind zäh wie Leder. Da ist jede erstellte Seite harte Arbeit gewesen. In solchen Fällen sind es dann eher keine 10, 12, 15 Seiten am Tag, die der Ghostwriter fertig stellt, sondern eher nur 5.

Auf der anderen Seite steht, daß je „komplizierter" und „komplexer" ein Thema ist, desto weniger designt kann der Text werden. Hängt damit zusammen, daß ihr mehr Informationen benötigt, um eure Argumentation aufzubauen (siehe hierzu Kap. 2.5). Das kostet Zeit und ist nicht selten tricky, da es mehrere Stränge gibt, die logisch zusammengeführt werden wollen.

Wenn sich langsam ein Favorit herauskristallisiert, ihr genügend Stichpunkte und eine ungefähre Ahnung habt, geht es ans Verfeinern des Themas. Wenn man das Thema und die Forschungsfrage erarbeitet, sollte man sich die Begründungen notieren. Diese können später für die Einleitung verwendet werden, ebenso markante Positionen, Gedanken etc., die wichtig für die Wahl des Themas waren. Diese können für die Einleitung der Einleitung, warum dieses Thema wichtig ist, welches der Kontext ist und so weiter, benutzt werden. Die Verfeinerung hängt mit verschiedenen Techniken zusammen, die ihr alle googeln könnt. Ich will nur mal nennen:

• Mindmap
• Querverbindungen herstellen
• Clustern
• Strukturbaum
• Analogierad
• Pro-Kontra-Dialog
• Perspektivenwechsel (früher, später, Sicht des Dozenten)
• Ketten bilden
• Teilfragen kreieren
• Gewichten

Während ihr alle oder einige Techniken anwendet, und nebenbei auch noch weiter Details recherchiert, wird sich eurer Thema immer weiter verdichten. Und als Nebeneffekt wird sich schon so etwas wie eine Grobgliederung andeuten. Also bitte nichts von euren Gedankenspielen wegschmeißen. Alle Zwischenschritte schön aufheben. Da kann noch einiges genutzt werden.

Daß ihr alle Freiheiten bei der Themenfindung habt, erwähnte ich wohl schon. Ich müßt nur die Lehrsätze eurer Disziplin einhalten, ansonsten kommen Schwierigkeiten auf euch zu, die man in einer Abschlußarbeit nicht haben möchte. Wenn ihr in Geographie oder Astrophysik darüber schreiben wollt, daß die Erde flach ist, könnte es eng werden; wenn ihr aber in Politikwissenschaft schreibt, daß die DDR total böse war, seit ihr im Mainstream, auch wenn ihr eigentlich etwas anderes denkt.

Achtung! Je aktueller ein Thema ist, desto eher wird es in Fachzeitschriften behandelt werden und desto seltener wird es Monographien geben, die aber gerade in vielen geisteswissenschaften Disziplinen gern gesehen werden. In solchen Fällen müßt ihr etwas umdenken und den Blick weiten, zum Beispiel so:

Ihr wollt über die relativ neue Form des Twitterns als medienkulturelle Eigenart der Großstadt schreiben? Denkt den Prozeß zurück und beschreibt die Entwicklung, diskutiert SMS, email, die komplette Internetkommunikation, vergleicht sie etwas mit früherer Briefkultur, baut etwas Großstadt mit ein und gebt einen Ausblick auf weitere Entwicklungen, erwähnt noch PR-Agenturen und Personenmarketing, kritisiert noch die Globalisierung, noch eine kleine eigene Analyse und gut ist.

„Was für eine Analyse?"
Verfolgt berühmte Persönlichkeiten über Twitter und analysiert das, bringt das mit eurer Disziplin in Verbindung, und gut is'.

Wenn ihr euch nun aber partout so glatt anstellt und kein Thema eingrenzen könnt, dann bleiben noch folgende Varianten:

- Setzt euch in die Bibliothek und sichtet Lektüre. Sehr geeignet sind Einführungen. Da tauchen meistens irgendwelche Ausblicke auf die Forschungslandschaft auf. Aber bitte keine Einführung aus den 70ern. Da könnten die Ausblicke schon wieder Retrospektiven seyn.
- Seht euch auf den speziellen Seiten um, auf denen Studentenarbeiten verkauft werden. Welche Themen gibt es dort? Was haben andere in eurem Fach geschrieben? Was ist gerade „angesagt„?
- Beschäftigt euch mit den Themen eures potenziellen Betreuers und schaut nach, ob euch da irgendetwas anlacht.
- Mein Gott, und wenn alles nicht hilft, dann fragt den Gutachter im Erstgespräch nach einem Thema. Ihr arbeitet dann unter denselben Bedingungen wie ein Ghostwriter, der nur selten Einfluss auf das Thema hat, aber immer hofft, nette Themen zu bekommen.

Damit ihr vielleicht einen Eindruck bekommt, welchen Themen aus einem begrenzten Bereich für unterschiedliche Fachgebiete abgeleitet werden können, sollen nun einige Vorschläge erfolgen. Der Bereich ist die Verschwörungspraxis (im Mainstream: Verschwörungstheorie). Mögliche Themen wären (wobei fast alle Themen Lektürearbeiten ohne empirischen Teil wären. Ausnahme ist die Medienwissenschaft):

- Ethnologie: Verschwörungstheorien als Aberglaube postmoderner Gesellschaften.
- Politik: Schattenregierung, Tiefenpolitik und Parapolitik. Alternative Ansätze im Politikwissenschaftlichen Denken mit verschwörungstheoretischer Tendenz.
- Medienwissenschaft: Die Darstellung der elitären Institutionen „Council of Foreign Relations" und „Bilderberger" in deutschen Printmedien.

- Philosophie: Verschwörungstheorie und Wahrheit. (kann tatsächlich als Thema ausreichen)
- Religion: Verschwörungstheorien und der Glaube an versteckte Führung als Äquivalent zum Gottesglauben.
- Deutsche Literatur: Schillers „Verbrecher aus Ehre" und dessen Bezug zu Aktivitäten von Geheimbünden in Weimar und Jena.

2.2.1 Ein empirischer Teil

Ein empirischer Teil kann eine schöne Sache für eine Abschlussarbeit seyn. Er kann aber auch zum Monster mutieren, wenn er nicht gut geplant wird. Ein empirischer Teil spart zuerst einmal Lektüretätigkeit, da ein Teil des Textes mit den eigenen empirischen Befunden bestückt werden muss. Der Teil, der hier für die Empirie eingeplant werden sollte, ist abhängig von der Textart, dem Umfang des Textes, dem Thema, dem Fach, dem Betreuer und der Art der Empirie. Erst einmal kann man sagen, dass ein empirischer Teil in der Regel immer gern gesehen wird, da er Engagement symbolisiert. Man geht einen eigenen Weg, nimmt nicht nur das, was andere schon erarbeitet haben, sondern fügt auch noch etwas Eigenes hinzu und so weiter. Das ist das eine.

Auf der anderen Seite paßt aber Empirie nicht zu jedem Text. Mit Empirie ist ausschließlich Datenerhebung gemeint. In naturwissenschaftlichen Arbeiten kommt dies sehr häufig vor. Dort sind Versuche durchgeführt worden oder ähnliches und die Abschlussarbeit stellt meist die Verschriftlichung dieser Versuche dar, denen noch ein Theorieteil vorgesetzt wird.

In den Geisteswissenschaften ist die Entscheidung für einen empirischen Teil in der Regel eine subjektive Entscheidung, da die Datenerhebung nicht zwingend zum Kern des Fachs gehören muss bzw. kommt man auch durch die Wirtschafts- und Sozialwissenschaften, ohne jemals eine statistische Erhebung im Feld durchgeführt zu haben. Man sollte sich in diesen Fächern also gut überlegen, ob man Interviews führen, Umfragen durchführen oder Daten statistisch auswerten will. Das ist zwar ideal, wenn man Seiten schinden will, weil man hier eine Tabelle nach der anderen in den Text packen kann, aber man sollte den Teil der Datenerhebung nicht unterschätzen.

Die Empirie muß zum Thema passen. Man muß eine geeignete Methode der Datenerhebung und der Datenauswertung finden, die man auch beherrschen sollte (was nicht immer so einfach ist). Man muß die Probanden oder Daten für die Datenerhebung finden oder selber akquirieren. Man muß die Datenerhebung durchführen. Natürlich kann es spannend seyn, Interviews mit Geschäftsführern, Prostituierten, Depressiven oder anderen Bevölkerungsgruppen durchzuführen, aber ein Interview muss gut vorbereitet werden, sollte ein gewisse Länge haben, damit es genügend Informationen hervorbringt, und muß gut nachbereitet werden.

Wer noch nie ein Interview geführt oder einen guten Fragebogen erstellt hat, sollte sich genau überlegen, ob er sich auf solch ein Unterfangen einlassen möchte. Wenn also die Datenerhebung den Kern des Textes darstellen soll, also zwischen einem Drittel und der Hälfte des Textes umfassen soll, ist genau zu überlegen, ob man die Kenntnisse hat, die notwendig sind, um den empirischen Teil zufriedenstellend umzusetzen.

Wenn die Datenerhebung das Sahnehäubchen seyn soll, sieht das Ganze anders aus. Dann ist es wirklich eine geschmeidige Art, um einen primär theoretischen Text abzurunden. Das ist die perfekte Art, sofern das andere halbwegs stimmt, um das Bestehen zu sichern. Wenn man z.B. über Führungsstrukturen in mittelständischen Unternehmen geschrieben hat und am Ende eine Interview mit drei Geschäftsführern auf ca. einem Sechstel oder einem Fünftel der Gesamtseitenzahl auswerten kann, wäre das das i-Tüpfelchen und eine perfekte Abrundung. Wenn man über die Ost-West-Beziehungen unter Helmut Kohl geschrieben hat und am Ende ein Interview mit dem ehemaligen Bundeskanzler präsentieren kann, müsste schon ziemlich viel im Theorieteil schief gegangen seyn, wenn der Text nicht mit Eins oder Zwei bewertet werden sollte. Ich denke, dass ihr mich verstanden habt.

2.2.2 Die ausgewählte Methode

Ach, die Methode! Hatte ich ehrlich gesagt schon immer meine Schwierigkeiten mit. An sich ist klar, worum es geht. Die Methode ist der Weg zum Ziel. Mit Hilfe der Methode soll eine wissenschaftliche Arbeit für andere Wissenschaftler nachvollziehbar werden. Die Methode soll sicherstellen, daß die Untersuchungen an jedem Ort zu jeder Zeit von anderen Wissenschaftsfuzzis erneut durchgeführt werden können. Die Methode soll erklärbar machen, warum das und das als Ergebnis von mir formuliert werden konnte. Die anderen Nerds können dann, wenn ihnen die Ergebnisse nicht passen, die Methode zerfleischen und giften, daß die Experimentieranordnung Scheiße war, oder daß das an einem Dienstag, wenn's regnet und man keinen Schlippi trägt, nicht machbar ist.

In den Naturwissenschaften leuchtet mir das alles komplett ein. Es macht einen Unterschied, ob ich Elektronen durch einen Spalt oder durch einen Doppelspalt schicke. Macht bekannter Weise sogar einen großen Unterschied. Egal. Jedenfalls habe ich das mit der Methode in den Geisteswissenschaften nie verstanden.

Okay, noch eine Einschränkung. Wenn in den Geisteswissenschaften mit Zahlen operiert wird, z.B. im Rahmen statistischer Berechnungen in den Sozialwissenschaften, dann ist die Methode auch relativ klar. Es ist dann irgendeine Art der statistischen Berechnung undoder Beschreibung.

Ansonsten ist es nicht so klar in den Geisteswissenschaften. Übrigens auch nicht für viele Betreuer, so jedenfalls meine Erfahrung. Die haben oft auch keine Ahnung. Das hängt aber auch damit zusammen, daß in bestimmten Fächern andauernd neue Methoden entwickelt werden, weil man auffallen will. Politikwissenschaft ist so ein Kandidat. Da bekommt man das kalte Kotzen bei der „Mähtode", weil jeder Dozent an jedem Institut an jeder Uni irgendein dämliches Modell für irgendeinen banalen, normal logisch ableitbaren Scheiß entwickelt. Genau so schlimm sind die Wirtschaftsfuzzis. Und meiner Meinung nach alles nur wegen dem Versuch, Geisteswissenschaft einen positivistischen Anstrich zu verpassen und Gedankengänge miteinander vergleichbar zu machen.

„Aber wat jetz nu' hier mit die Methode drin?"
Jaja, ist ja gut. Nehmen wir mal Literaturwissenschaft. Die Methode bei einer Textinterpretation entspricht der Art der Interpretation. Ein Text kann biografisch, psychologisch, hermeneutisch (das haut immer), kontruktivistisch, leserorientiert etc. interpretiert werden. Up to date in der Literaturwissenschaft ist gerade das Narratologische, obwohl das auch wieder alter Wein in neuen Schläuchen ist, oder neuer Wein in alten Schläuchen, auf jeden Fall dieselbe Weinsorte in Schläuchen.

Eine Methode ist immer nur dazu da, um eine gewisse Orientierung zu geben. Die Methode richtet sich immer nach dem Thema und dem Blick, den ihr auf das Thema legen wollt. Wenn euch an einem Roman interessiert, ob der Autor seine Schwesterliebe darin zum Ausdruck gebracht hat, dann ergibt eine Kombination aus psychologischer und hermeneutischer Herangehensweise am meisten Sinn. Die nächsten Schritte sind dann logisch. Das entsprechende Begriffsinstrumentarium suchen und auf den Roman anwenden ... wo ihr das findet? Ach, jetzt hört auf .... immer schön googeln! Ihr glaubt gar nicht, was da schon alles vorhanden ist.

Es ist auch eine Methode, einen bestimmten Sachverhalt dahingehend zu überprüfen, ob er hier oder dort eingeordnet werden kann. Theoretisch ist so eine Fragestellung möglich wie „Ist der Bundespräsident ein Kriegstreiber?". Das Thema würdet ihr nicht durchbekommen, logisch, aber die Vorgehensweise ist relativ klar: ihr definiert Kriegstreiber und schaut, ob der Bundespräsident zu dieser Definition paßt. Allerdings müßtet ihr noch festlegen, anhand von welchem Beweismaterial ihr das überprüfen wollt und wie ihr das machen wollt. Es bieten sich die Reden des Bundespräsis in einem bestimmten Zeitraum an und die qualitative Inhaltsanalyse nach Mayring, da es ja normale, individuelle Interpretation heute nicht mehr bringt. Das muß massenkompatibel seyn. Aber das alles zusammen wäre die Methode.

Oder wenn wir mal unser bekanntes Verschwörungsthema nehmen wollen: „*Schattenregierung, Tiefenpolitik und Parapolitik. Alternative Ansätze im Politikwissenschaftlichen Denken mit verschwörungstheoretischer Tendenz*". Als erstes werden Kategorien für das Politikwissenschaftliche geschaffen. Danach welche für das Verschwörungstheoretische. Zum Schluß werden die Beispiele auf beides hin abgeklopft.

Ich persönlich mag immer Interviews und Fragebögen. Das ist natürlich beides reine Empirie. Du mußt die Leute finden. Du mußt mit ihnen quatschen oder ihnen wegen der Fragebögen hinterherrennen. Du mußt transkribieren und du mußt auswerten. Macht viel Arbeit. Aber dafür hast du am Ende ein paar nette Fakten.

Wenn euch tatsächlich nichts Gescheites einfällt, könnt ihr auch irgendeinen beliebigen Theoretiker eurer Fachdisziplin nehmen und dessen Denken auf ein aktuelles Problem beziehen. Das sind dann die Arbeiten, die Titel tragen wie „*Kants „Kategorischer Imperativ" bezogen auf das Umwelt- und Nachhaltigkeitsproblem*". Wenn man kein Philosophie- oder Politikstudent ist, sondern vielleicht Geograph, bietet diese eine Fragestellung auch den Vorteil, einen fachfremden Themanteil einzubauen. Dann ist der Betreuer ganz entzückt über seinen ach so belesenen Studenten. Es kann allerdings auch sein, daß euch der Betreuer auflaufen läßt, weil ihr ja nicht mehr wissen könnt als er. Hier kommt wieder die Kenntnis über euren Betreuer ins Spiel (siehe Kapitel 1.3 und 1.3.1).

Dasselbe gilt auch für spezielle wissenschaftliche Perspektiven und „Schulen". So könnte ein Sachverhalt systemtheoretisch untersucht werden oder vor dem Hintergrund der Frankfurter Schule. Bei solchen Methoden müßt ihr natürlich den Autor oder diese spezielle wissenschaftliche Perspektive, den/die ihr da in die Waagschale werft, ziemlich gut kennen, sonst könnte man eine böse Überraschung erleben.

Am einfachsten sind Themen, die irgendeine Sache erklären, z.B. „Volkskrankheit Depression" oder „Entwicklung des Umweltschutzes in Deutschland". Das sind aber meist schon ausgenudelte Themen, die euch nur noch taubstumme Betreuer abnehmen.[4]

Gerade in den Geisteswissenschaften ohne empirischen Teil finde ich die Kombination von Methoden sinnvoll. Ich bin hier ganz Kantianer. Der war auch der Meinung, daß der wahre Philosoph (ich erweitere mal um Forscher, Wissenschaftler) ein Ekklektiker ist. Bevor ihr jetzt erst eure Zunge und dann eure Finger an der Tastatur brecht, erkläre ich euch das Wort schnell: ein Ekklektiker ist ein Auswählender, der keiner festen Denkrichtung oder Schule angehört, sondern sich dort bedient, wo es ihm für seine Argumentation und für die Suche nach der Wahrheit richtig erscheint. Das hat für mich immer am meisten Sinn ergeben in den Geisteswissenschaften, aber erklärt das mal alten Männern im uniformen Zweireiher mit Fliege.

---

4 Und nein, damit diskriminiere ich keine Taubstummen oder sage damit, daß diese keinen guten Betreuer seyn können, theoretisch, obwohl ich das praktisch als schwierig erachte, aber wir lassen uns alle gerne überraschen, oder?

Wie ihr an meinen Beispielen erkennen könnt, habe ich Methoden für Arbeiten mit und ohne empirischen Teil durcheinander gewürfelt. In den Geisteswissenschaften nennt man die Methode bei Arbeiten ohne Empirie gerne auch „theoretischen Ansatz" oder „Arbeitsmodell" oder .... scheiß die Wand an, was weiß ich. Die lassen sich auch immer wieder was neues einfallen, denn das Arbeitsbeschaffungsmodell „Wissenschaft" muß sich ja immer weiter drehen und andauernd neu erfinden, damit es Berechtigungsdasein hat.

Wenn sich bei eurer Fragestellung also keine Methode, kein theoretischer Ansatz oder kein Arbeitsmodell aufdrängt, dann fragt hier dezent bei eurem Betreuer an.

2.3 Die Lektüreauswahl

Wie ich schon erwähnt habe, kann die Lektüre der Fachliteratur ein ziemlicher Zeitklauer seyn. Aber die Zeit von uns Strategen ist ja begrenzt, also sollten wir tunlichst darauf achten, nicht zu viel und nicht zu viel Falsches oder Unbrauchbares zu lesen.

Die Lektüresuche beginnt natürlich mit einer ausgiebigen Internetrecherche. Ihr müßt überprüfen, ob es zu eurem Thema genügend Literatur gibt. Für einen ersten Überblick bieten sich Wikipedia und dieser riesige Onlinebuchhandel an, ihr wißt schon. Um stärker das Gewicht auf wissenschaftliche Literatur zu legen, solltet ihr im Karlsruher Virtuellen Katalog vorbeischauen, aber auch z.B. Google Scholar, Google Books undoder den edoc-Servern eurer Heimatuniversitäten einen Besuch abstatten, wobei letztere schon sehr spezielle wissenschaftliche Literatur ausspuckt. Datenbanken eurer eigenen Unibib sollten von euch ebenfalls abgeklopft werden.

Meiner Erfahrung nach stellt es kein Problem dar, Literatur zu einem Thema zu finden. Ob sie auch erhältlich ist, ist eine andere Frage. Hier muß man eventuell, je nachdem, wo man wohnt, auf verschiedene Institutionen zurückgreifen. In einer Großstadt wie Berlin, Hamburg oder München existieren viele verschiedene Bibliotheken. Universitätsbibliotheken sind in vielen kleineren Städten oft die besten Adressen, werden aber nicht immer über all die Titel verfügen, die ihr als sinnvoll recherchiert habt. Ihr solltet euch also auf jeden Fall mal mit der Fernleihe beschäftigen. Mit dieser können deutschlandweit und sogar aus der Schweiz und Österreich Bücher geordert werden. Das dauert allerdings seine Zeit. Rechnet ca. 2–3 Wochen ein. Wenn ihr euch an euren Plan haltet, sollte das aber kein Problem darstellen. Diese Bücher werden dann eben am Ende der Lektürephase gelesen.

Eine Variante, die ich gelegentlich praktiziere, ist das Lesen in einer großen Buchhandlung. Große Ketten wie die, die nach einer griechischen Göttin benannt ist, bestellen jedes Buch, das ihr haben wollt und das auf dem Markt erhältlich ist. Ihr dürft die auch im Laden anschauen und reinlesen. Man liest dann halt etwas mehr und ich bin bisher nie rausgeschmissen worden, weil ich mir nebenbei ein paar Notizen oder einige Photos von Textseiten mit meinem Smartphone gemacht habe. Nun solltet ihr nicht unbedingt Marx „Kapital" im Buchladen lesen. Erstens gibt es das in jeder Bibliothek und zweitens gilt dieser Vorschlag eher für Bücher, bei denen man noch den einen oder anderen kleinen interessanten Gedanken oder Hinweis vermutet. Die Basisliteratur sollte man schon aus der Bib beziehen. Es macht sich übrigens immer gut, wenn im Literaturverzeichnis Texte des Betreuers auftauchen.

„Wie viel Quellen sollen es aber seyn?"
Gute Frage. Hier muß man unterscheiden. Zu Beginn der Recherche sollte man sich schon einiges anschauen. Zu dem Wie? des Anschauens komm ich gleich.

Ihr benötigt nur eine gewisse Anzahl an Büchern. Als ganz grobe Faustformel für Abschlußarbeiten gilt hier: pro Seite eine neue Quelle oder anders gesagt: pro Textseite eine Quelle. Das heißt, wenn wir mal bei unserem Rechenbeispiel aus Kap. 2.1 bleiben, daß wir für die 45 Seiten 45 Quellen benötigen. Hab ich da „*Scheiße, ist das viel!*" gehört? Alles gut, paßt auf, es relativiert sich gleich.

Quelle heißt Quelle, also Monographie, Beitrag in einem Sammelband, Fachartikel und im heutigen Zeitalter auch Internetartikel. Eure Literaturliste sollte eine gute Mischung aufweisen. Jetzt sind aber Fachartikel oft überschaubar in der Länge, aus Monographien nur Teile verwendbar und Sammelbände hervorragende Gelegenheiten, mit einem Buch viele Literaturangaben zu produzieren. Wenn ihr einen guten Sammelband habt, könnt ihr schnell mal 10–15 Quellen erzeugen, denn es zählt der einzelne Artikel und nicht der Sammelband an sich.

Und nein, es reicht nicht, nur 3 Sammelbände zu lesen, um 45 Seiten voll zu bekommen. Ich habe es schon mal gesagt: eure Betreuer haben wenig Zeit, aber sie sind nicht doof. Und die Literaturliste schauen sie sich alle an, und da würde es dann doch auffallen, wenn letztlich nur drei Bücher auftauchen.

Zwei Relativierungen bezüglich der Faustformel „Quellenanzahl = Seitenanzahl" möchte ich noch einfügen. Diese Faustformel gilt für empirische Arbeiten nur bedingt. Hier könnte man eher sagen: Quellenanzahl = Seitenanzahl des theoretischen Teils. Und auch bei längeren Seitenumfängen muß man das nicht so genau nehmen, denn eine 80-seitige Arbeit mit 80 verschiedenen Quellen hat schon fast Dissertationsniveau (naja, fast). Wenn das nur 70 oder 65 sind, ist das auch bereits ordentlich. Hier ist ein wenig euer Gefühl gefragt.

Bezüglich der Internetliteratur bzw. der Infos aus dem Netz ist auch euer Gefühl gefragt, jedenfalls lässt sich hier nur schwer eine Vorgabe machen, da enorme Unterschiede in den Studiengängen existieren. Die Historiker sehen das eher ungerne, es sei denn, daß es sich um Internetseiten handelt, auf denen alte archivierte Dokumente als Scan erhältlich sind. Und auch bei Arbeiten in Politik oder Verwaltungswissenschaft sind vor allem viele offizielle Dokumente leichter im Netz zu erhalten. In den Medienwissenschaften hingegen geht man freier mit Internetquellen um, da die Medien und ihre Inhalte selbst zum Großteil mit dem Netz verbunden sind. Als grobe, sehr grobe Richtlinie würde ich mal als Verhältnis von „normalen„ Quellen und Webquellen 4:1 angeben. Ist das Verhältnis höher, umso besser. Ihr solltet das vorher in eurem Institut oder mit eurem Betreuer abklären.

Vorsicht ist bei „einfachen" Internetseiten geboten, wo der Autor unbekannt ist oder wo einfach jemand sein Hirnschmalz abgesondert hat. Solche Seiten sollten eher als Informationsquellen für euer Denken und eure Argumentation und weniger als „offizielle" Quelle genutzt werden.

Ebenfalls wichtig ist es, bei eurem Betreuer zu erfragen, ob er bestimmte Quellen wünscht, die unbedingt benutzt werden sollten oder ob es bestimmte Bedingungen bezüglich der Quellenauswahl gibt, z.B. dass keine Quelle älter als 10 Jahre ist, keine Wikipedia-Artikel benutzt werden (obwohl sich das von selbst verstehen sollte), ein Teil der Quellen englischsprachig seyn sollen und so weiter.

Nachdem also alle Lektürebedingungen geklärt worden sind, habt ihr in einem unerklärlichem Anfall von Enthusiasmus eine Liste von 45 Titeln zusammengestellt. Nun seht ihr diesen Berg vor euch und fragt euch, ob die Flasche Wein vor dem enthusiastischen Anfall der richtige Ratgeber gewesen war. Ja, war er, womit wir hier auch die generelle Frage „Brauchen Studenten Alkohol?" beantwortet hätten. Ihr seht also diesen Berg Bücher vor euch und bangt, was passieren wird, nehmt ihr das erste Dingsda in die Hand. Na, die Hand wird es euch schon nicht verbrennen, die Zeiten sind vorbei.

In der Regel sind an einem Buch 5 Dinge wichtig, um einen ersten, entscheidenden Überblick zu bekommen: Klappentext, Abstract, Inhaltsverzeichnis, Einführung und Zusammenfassung.

In der Regel, ihr merkt schon, ich steh auf den Durchschnitt, sind das zusammengenommen ca. 15–30 Seiten pro Buch. Bei 45 Büchern sind das 675–1350 Seiten. Klingt vielleicht für manchen immer noch viel, aber besser als 9000 Seiten oder, wenn wir mal von 200 Seiten pro Buch ausgehen. Aber das ganze können wir noch weiter reduzieren, indem wir uns zuerst das Inhaltsverzeichnis ansehen. Das sind dann nur ca. 45–90 Seiten, und nicht einmal Fließtext. DAS kann jeder bewältigen, egal wie oft er in der Vorlesung eingeschlafen ist.

Oh, ich vergaß: bevor ihr euch das Inhaltsverzeichnis anseht, schaut ihr euch den Klappentext an, sofern vorhanden. Um einen ganz, ganz, ganz groben Überblick über den Inhalt des Buches zu bekommen, ist der Klappentext oft schon ausreichend, da dieser den wichtigsten Teil des Inhalts zusammenfaßt.

An dieser Stelle sei einmal erwähnt, daß generell jedes Buch, ob wissenschaftlich, essayistisch oder belletristisch, in 3–5 Sätzen zusammengefaßt werden kann. Das geht. Leute werden schlecht dafür bezahlt, um das jeden Tag zu beweisen. Und ja, ich spreche aus Erfahrung.

Und je besser ein Buch ist, desto weniger Sätze benötigt seine Beschreibung. Das heißt nicht, daß dies Buch flach ist, im Gegenteil. Es bedeutet, daß ein Könner am Werk war, der seine Ausführungen so präzise auf den Punkt bringen konnte, daß schnell verstanden werden kann, was er aussagen wollte. Und ALLE zielen auf eine finale Aussage. Das beste Beispiel ist für mich Kierkegaards wichtigstes Werk. Da steckt die Beschreibung im Titel: „Entweder oder„. Kürzer geht es nicht und doch wird deutlich, was für ein Horizont dahinter erscheint. Ich denke, daß deutlich geworden ist, worum es mir geht.

Wenn ihr nach dem Ablaufschema –

„Klappentext > Abstract > Inhaltsverzeichnis >
Einleitung > Zusammenfassung„

– vorgeht, werdet ihr bei einigen Bücher bereits beim Klappentext oder beim Inhaltsverzeichnis mitbekommen, daß das Buch nicht zu eurem Vorhaben paßt. Bei anderen Büchern wiederum werdet ihr merken, daß nur Teile, Kapitel oder bei Sammelbänden einzelne Fachartikel interessant sind. Und einige wenige Bücher und Artikel werden euch allein schon bei der Sichtung der 5 Kategorien wie Volltreffer für die Bearbeitung eures Themas vorkommen.

„Was fängt man damit an?"
Diese erste Lektüresichtung soll bereits dazu dienen, die Quellen einzuteilen in die Kategorien:

1. sehr wichtig
2. interessant
3. Lückenfüller
4. unwichtig

Die Einteilung ist dazu da, die Lektüretätigkeit zu steuern und schließlich auch den Schreibprozess zu vereinfachen. Ausgangspunkt ist folgender: Ich sag aus Erfahrung, wie viele andere professionelle Schreiber wahrscheinlich auch, daß wenn man 2–3 umfassende Werke zum Fachgebiet/Kontext gesichtet hat, dass man dann auf jeden Fall Einblick hat in das, was den Kontext ausmacht. Es gibt noch eine andere Formel, die besagt, daß 20% der Literatur 60% dessen erbringt, was für den Text relevant ist. Weitere Literatur erbringt bloß noch Details, die aber wichtig sind, v.a. als weitere Quellen, die nötig sind, um auf die ungefähre Faustformel zu kommen: pro Seite eine neue Quelle.

Ihr solltet euch zu Beginn der Arbeit, und hier hilft euch Lektion Numero tre: *„Meinem Text gegenüber habe ich keine Gefühle."*, in den Kopf hämmern, daß ihr nicht alles lesen müßt, was es zum Thema gibt und was ihr in die Finger bekommt.

In den meisten Fächern gibt es Standardwerke, die meistens den ersten Teil der Arbeit bereits abdecken, also alles, was mit Definitionen und so weiter zu tun hat. Diese Standardwerke können dann auch gut und gerne mehrere Jahrzehnte alt seyn, denn nicht in allen Fächern werden, wie z.b. in der Informatik, jedes Jahr Erkenntnisse über den Haufen geworfen. Man kann getrost davon ausgehen, daß Themen, die in der Vergangenheit liegen mit älterer Literatur bearbeitet werden können. Je aktueller eine Fragestellung, desto neuwertiger sollte die Literatur seyn.

Wenn man es tatsächlich hinbekommt, und der Betreuer einen über Goethe schreiben lässt, dann muss man nicht ausschließlich nach Literatur suchen, die nicht älter als 5 Jahre ist. Über Goethe sind viele und richtige Dinge in den letzten 150 Jahren geschrieben worden. Es wäre dumm und fahrlässig, das zu ignorieren. Aber das sich auch hier Dinge verändern können, zeigte die Wachablösung des Standardwerks über Friedrich Schiller. Bis zum Erscheinen der umfassenden Biografie von Peter-Andre Alt 2005 galt fast 50 Jahre lang das 1959 erschienene Werk von Benno von Wiese als das biographische Nonplusultra zu Schiller.

Wenn man also ein paar wichtige Bücher oder Fachartikel gefunden hat, hat man schon mal die halbe Miete. Alle weiteren Quellen erweitern zwar das Wissen, aber nur in dem Sinne, daß mit diesen Lücken aufgefüllt werden können. Wenn man verschiedene Stränge in der Arbeit hat und diese später zusammenfügen will und sollte, dann muß man natürlich mehr „Standardwerke" lesen.

Nehmen wir mal das eine Beispiel aus Kap. 2.2: „*Schattenregierung, Tiefenpolitik und Parapolitik. Alternative Ansätze im Politikwissenschaftlichen Denken mit verschwörungstheoretischer Tendenz*". Das Thema setzt sich aus 3 Komplexen zusammen: wir haben das politikwissenschaftliche Denken an sich, das erklärt werden muss. Wir haben den Komplex „Verschwörungstheorie,„ der erläutert seyn will. Und wir haben die unterschiedlichen alternativen Ansätze. Da alle drei Stränge profunde Kenntnisse aufzeigen sollten, benötige ich auch für alle drei Stränge gute Basisliteratur.

Hinzu kommen dann noch für jeden Teil ein paar Bücher aus den Kategorien „Interessant„ und „Lückenbüßer". Die interessanten Bücher liefern euch noch 35% des Wissens für euer Thema. Die „Lückenbüßer" haben in der Regel eine passable Information für euch, die man zwar theoretisch vernachlässigen könnte, aber sich im Rahmen einer Abschlußarbeit gut macht, da sie die angezeigte Wissens- und Argumentationspalette breiter macht, frei nach dem Motto: *„Man, hab ich mich reingelesen in die Thematik. Ich bin sogar bis an den Rand vorgestoßen und teilweise darüber hinausgeschossen."*

Eure Lektüresichtung sollte also am Ende dahin führen, daß vor euch auf den Schreibtisch undoder als PDF's in eurem Abschlußarbeitslektüreordner insgesamt so viele Quellen auf eure Lektüre warten wie ihr Seiten schreiben wollt. Und diese Lektüre sollte grob in die ersten drei Kategorien eingeteilt seyn.

Bücher, die sich als unwichtig, die vierte Kategorie, herausgestellt haben, liegen natürlich nicht auf dem Tisch, sondern sind bereits durch Bücher der anderen Kategorien ausgetauscht worden. Das gilt natürlich auch für den Lektüreprozess. Dort kann eine vorher als „interessant" eingestufte Quelle plötzlich zum „sehr wichtigen" Buch avancieren oder ein Lückenbüßer komplett vom Tisch fallen. Ihr müßt dann abschätzen, ob dann jeweils Ersatz notwendig wird.

2.4 Die Gliederung

Jut, jetze wird's ein wenig tricky. Ich persönlich stehe total darauf, Gliederungen zu erstellen. Profis können in der Regel auch bei vorher unbekannten Themen nur anhand einer Internetrecherche innerhalb eines Tages eine Gliederung für eine umfangreiche Abschlußarbeit erstellen. Dabei orientieren sie sich grob an einer Universalstruktur: es gibt immer eine Einleitung und eine Zusammenfassung, Begriffe müssen geklärt werden, das Problem muß beschrieben werden, die dahinter stehende Theorie muß beschrieben werden, es muß beschrieben werden wie die Theorie zum Problem paßt und wie und warum was die Lösung seyn kann. Und das alles kann aus dem Thema abgeleitet werden.

In der Forschungsliteratur tauchen viele unterschiedliche Gliederungstypen auf. Googelt mal chronologische Gliederung, systematische, deduktive oder induktive Gliederung, Ursache-Wirkung-Gliederung, Relationsgliederung .... blablabla. Wurscht, an obigem Universalismus kommt man nicht vorbei. Entscheidend ist, daß jede Textart aus bestimmten Textteilen besteht und jeder dieser Textteile besteht wiederum aus bestimmten Bausteinen. So kann eine Einführung immer wie folgt aufgebaut werden: was für ein Thema, welche Relevanz hat es für die Gesellschaft/die Fachdisziplin, wie ist das Thema eingeordnet, wie ist man dazu gekommen, welche Struktur wird es im Text geben und was wird behandelt werden.

Im Hauptteil gibt es verschiedene Varianten, was getan werden kann, aber in der Regel, wie gesagt, wird man immer zuerst klären müssen, mit welchen Begriffen, Theorien und Modellen man arbeitet oder mit anderen Worten: man führt in das Thema ein.
Hier beginnt natürlich schon der Spielraum groß zu werden. Es ist Vorsicht geboten nicht auszuufern. Als Autor gibt man selber vor, was für das Thema relevant ist. Man sollte die Grenzen beachten. Wenn ich über die Wirren des 30-jährigen Krieges schreibe, wird es schwierig werden, ein Kapitel über den zweiten thermischen Hauptsatz plausibel mit dem Thema in Verbindung zu bringen. Natürlich kann man hier eine Verbindung herstellen, aber das ist dann eher etwas für eine Dissertation, bei der man – theoretisch – unendlich viele Seiten zur Verfügung hat. Des Weiteren wäre es vorteilhaft, wenn die erwähnten Begriffe und Modelle und Theorien an irgendeiner anderen, späteren Textstelle noch einmal vorkommen, damit der Le-

ser merkt, daß hier tatsächlich ein roter Faden existiert und nicht einfach sinnlos Aspekte aneinander gereiht worden sind.

In welcher Reihenfolge man die verschiedenen Punkte nun anordnet und welche Gliederungstiefe man dieser verpaßt (also z.B. 1. und 1.1 und 1.1.1. und 1.1.1.1 und 1.1.1.1.1) geben das Thema, die Lektüre und die Perspektive auf das Thema vor. Aber das ist „nur„ das Formale. Wie erstellt man aber nun die Gliederung?

Der wichtigste Punkt für euch ist, dass die erste Lektüresichtung Hand in Hand mit der Erstellung der Gliederung gehen sollte. Dabei startet ihr ja nicht ganz nackt. Ihr habt noch eure Notizen eurer Themensuche mit den ganzen Mindmaps und Querverweisen und so weiter? Supi. Gut gemacht. Gibt'n Leckerlie. Könnt ihr bei euren Profs abholen, und ich laß übrigens schön grüßen ....

Also, die Notizen raus und als Basis verwenden. Wenn ihr nun die Lektüre gemäß der 5 Kategorien (Klappentext, Inhaltsverzeichnis, Abstract, Einleitung, Zusammenfassung) sichtet, werden sich die Überkapitel und Unterkapitel immer stärker herauskristallisieren. Die Grobgliederung wird sich immer mehr verfeinern und in Subkapitel aufspalten, die sich die gesammelten Informationen immer mehr Cluster ergeben, die miteinander in Zusammenhang gestellt werden können.
Ich persönlich bin ein Freund davon, in der Arbeit die Weitläufigkeit des Kontextes anzudeuten, zu zeigen, wo das Thema in andere Themen übergeht, was alles bedacht werden kann, aber wozu der begrenzte Umfang der Arbeit natürlich nicht ausreicht, sonst würde man es ja selbstverständlich tun .... blablabla. Dies kann mit kleinen Exkursen bzw. Subkapiteln gemacht werden, die thematisch eng anliegen, aber zum Beispiel, das mache ich besonders gerne, aus einer anderen, meist einer Nachbardisziplin stammen. Man protzt dann etwas mit dem angelesenen Wissen, aber dezent, nicht zu sehr, nur andeuten, daß man auch in diese und jene Richtung geschaut hat

und bestimmte Parallelen festgestellt hat. Was, ein Beispiel hierfür? Klar doch, gerne.

Nehmen wir unser Verschwörungsthema. Der Kontext ist im weitesten Politik. Aber es können problemlos soziologische Überlegungen mit eingebaut werden, denn wer „Verschwörung" sagt, muß auch „Elite" sagen. Und dann kann man sich bei der Elitesoziologie bedienen. Das gehört nicht zum Kern des Themas, kann aber eine interessante zusätzliche Perspektive eröffnen, die nicht zu weit her geholt ist und das Thema weiter verdichtet.

Wenn die Gliederung vorhanden ist, gibt es im Kopf bereits so etwas wie einen roten Faden. Ihr kennt dann also eure Marschrichtung. Im nächsten Schritt klärt ihr noch einmal genauer die Kapitelinhalte und die Funktion der einzelnen Kapitel, das heißt, daß ihr euch kurz Gedanken darüber macht, warum das Kapitel in eurem Text ist und was in dem Kapitel stehen soll. Hierzu könnt ihr gerne 3–4 Stichpunkte aufschreiben, die ihr natürlich auch aufhebt, da sie später ebenfalls für die Einleitung verwendet werden können. Hier wird nichts doppelt gemacht, okay?

Wenn ein ungefährer Überblick über die Kapitelthemen da ist und wenn die Funktionen der einzelnen Kapitel klar sind, sprich: wenn die vorläufige Gliederung erstellt ist, sollte man sich an die Länge der Kapitel machen. Das heißt nichts anderes, als daß ihr den Kapiteln Seitenumfänge zuordnet. Hier müßt ihr natürlich Gewichtungen vornehmen. Dabei wäre es unsinnig, bezogen auf unser Beispiel, der Elitesoziologie mehr Raum im Text zu geben, als der Herleitung, Erklärung und Behandlung von Verschwörungstheorien.

„Wozu soll das mit den Seitenzahlen aber wichtig sein", fragt ihr? Na, um Zeit zu sparen natürlich. Ihr habt eure Gliederung und könnt anhand dieser abschätzen, welche Kapitel wichtig und welche weniger wichtig sind. Das sollte sich in den Seitenzahlen niederschlagen. Das hat dann natürlich Auswirkungen auf euer Lektüreverhalten. Wenn

ihr für ein nicht ganz so wichtiges Kapitel die Hälfte eurer Lektüre zur Verfügung habt, dann solltet ihr schleunigst noch Lektüre für die anderen Kapitel ranschaffen. Ihr könnt so aber auch abschätzen, wieviel ihr ungefähr lesen müßt. Endgültig wißt ihr das erst, wenn ihr mit dem Lesen begonnen und angefangen habt, die Notizen einzusortieren. Aber dazu gibt es im nächsten Kapitel gleich mehr.

Die Zuordnung von Seitenumfängen für die einzelnen Kapitel hat aber noch einen anderen Vorteil. Dies ist überaus hilfreich, um weiterhin Angst vor dem Text und dem „riesigen" Gesamtseitenumfang abzubauen. Die Gesamtseitenzahl wirkt nicht mehr so einschüchternd, wenn man sie in viele kleine Einheiten aufgesplittet hat. Und bei längeren Arbeiten kann man schon mal proforma ca. 7 Seiten für Einleitung und Zusammenfassung abziehen. Ist doch was, oder?

Damit ihr einen Eindruck bekommt, hier mal eine mögliche Gliederung für 45 Seiten zu dem Verschwörungsthema, das da nochmal lautete: *„Schattenregierung, Tiefenpolitik und Parapolitik. Alternative Ansätze im Politikwissenschaftlichen Denken mit verschwörungstheoretischer Tendenz"*.

Inhaltsverzeichnis

Die Zahlen in den Klammern bezeichnen den Seitenumfang der einzelnen Kapitel. Die Textteile in Klammern gibt es eventuell. Hängt davon ab, ob Abbildungen, Tabellen und Anhang verwendet werdet. Falls hier ein Schlaumeier fragt, was denn bei dem Beispiel die Methode wäre, möchte ich sagen, schlecht aufgepaßt. Das hatten wir schon in Kap. 2.2.2.

Diese Vorgehensweise wäre auch super, weil sie eine wissenschaftliche Auseinandersetzung mit diesen extrem emotional aufgeladenen Thema zulassen würde. Der Erkenntnisgewinn bestünde darin, daß man sagen könnte, ob diese speziellen Ansätze mit den anderen Ansätzen in ihrer politikwissenschaftlichen Struktur übereinstimmen oder nicht. Quod erat demonstrandum.

Noch was vergessen? Ähh? Doch. Die erste Gliederung nennt sich nicht umsonst „vorläufig". In der Regel bleibt sie so zumindest zu 90% bestehen. Die dezidierte Lektüre kann es allerdings notwendig machen, Kapitel umzustellen, umzubenennen, zu streichen oder neu einzuführen. Macht euch darüber keinen Kopf. Eure Betreuer wissen, daß sich während der Arbeit am Text Dinge verändern können. Das ist eingeplant und normal.

2.5 Das Lesen und das Einsortieren der Stichpunkte

„Womit fängt man die Lektüre an?"
Das überlasse ich zum Teil euch. Am besten ist es, immer mit den sehr wichtigen Büchern anzufangen. Dort wird man das meiste herausziehen. Aber ich kenne es von mir, daß es sehr ermüdend seyn kann, wenn man in einer Woche nur 5 Bücher abgearbeitet hat und der Stapel auf dem Schreibtisch nicht unbedingt kleiner geworden ist.

Als sinnvolle Alternative könnte man die zu lesenden Bücher gemäß den Strängen der Gliederung sortieren und lesen, also, bei unserem

Beispiel, erst alles über das Politikwissenschaftliche an sich, dann die Infos über die Verschwörungstheorien und dann den Rest. Wie ihr es macht, sei euch überlassen, aber an der Reihenfolge – erst die sehr wichtigen, dann die interessanten Bücher und zum Schluß die Lückenbüßer – solltet ihr nichts verändern.

Bevor ihr das erste Buch aufschlagt und in den Leseprozess einsteigt, gestaltet ihr das Layout für den Text. Es kam auch bei Profis schon vor, daß sie im einfachen Zeilenabstand oder mit geringen Seitenrändern Texte verfaßt haben und erst später feststellten, daß ein komplett anderes Layout gefragt war und sie somit zu viel geschrieben und somit ihren Stundenlohn abgesenkt haben.

Die Frage, daß wir doch noch gar nicht schreiben, überhöre ich mal höflich, den ich möchte euch weiterhin für wißbegierige Adepten halten, die sich unter anderem durch Geduld auszeichnen und die wissen, daß der weise Lehrer irgendwann alle seine Rätsel auflösen wird. Wird er auch.

Aber vorher fertigt ihr nicht nur eine Textvorlage in eurem Layout an, sondern drei. Die eine Textvorlage nennt ihr „Arbeitstext 1". Die zweite Textvorlage nennt ihr „Schreibtext„ oder von mir aus auch „Scheiß Schreiben" oder was auch immer, und die dritte wird „Lektüre" genannt. Wenn ihr lest und lest und lest und dann notiert und notiert und notiert, könnte es Sinn machen, auch noch die Textvorlagen „Lektüre 2", „Lektüre 3" und so weiter anzulegen.
In „Arbeitstext 1" fertigt ihr auf Seite 1 euer Deckblatt an wie ihr es gelernt oder nicht gelernt habt. Dann Seitenumbruch. Zweite Seite ist dann reserviert für das Inhaltsverzeichnis. Seitenumbruch. In die Seite 3 kopiert ihr dann euer vorläufiges Gliederungsverzeichnis, schafft dann zwischen den einzelnen Überschriften ein paar Leerzeilen Platz und kennzeichnet die Überschriften mit Hilfe eures Textprogramms als die Überschriften der entsprechenden Ebene, so daß immer wieder bei Bedarf automatisch das Inhaltsverzeichnis erstellt

werden kann. Das macht ihr dann auch anschließend auf der zweiten Seite, die ihr dafür reserviert habt.

Das ist euer Skelett. Aufgabe ist es nun, dieses Skelett mit Fleisch zu bestücken. Das Fleisch sind in diesem Fall eure Notizen aus den Büchern und eure geistigen Absonderungen, die sich währenddessen so ergeben.

Ihr legt nun das erste Buch, das vollgestopft ist mit dem Wissen, das ihr euch zu eigen machen wollt, vor euch hin, und notiert in die Textvorlage „Lektüre" als erstes was? ... Nein. Nicht die Farbe des Einbandes, sondern: Autorname, Erscheinungsjahr, Titel, Verlag und Herkunftsort, und zwar alles so, wie es das von euch in Erfahrung gebrachte Literaturnachweisformat verlangt. Wenn ihr Helden das vollbracht habt, kopiert ihr das, und fügt es in den „Arbeitstext 1" im Literaturverzeichnis ein (das steht natürlich hinter eurem letzten Gliederungspunkt, welcher in der Regel der Punkt „Zusammenfassung/Fazit" ist). Ich erwähnte schon, daß Ordnung die halbe Abschlußarbeit ist. Außerdem bedeutet schlampiges Arbeiten, zweimal zu arbeiten. Und das wollen wir Strategen ja vermeiden, da es Zeit kostet.

Also langsam zum Mitschreiben: jedes Schriftstück, das man sich zu Gemüte führt, wird in dem Moment mit Name, Titel, Erscheinungsjahr, Erscheinungsort und Verlag notiert, wenn man etwas aus diesem Schriftstück notiert. Und dazu gehört auch: das, was dann notiert wird, wird am Anfang mit der Seitenzahl versehen, so dass von vornherein alle Details vorhanden sind, will man diese Notizen als direktes oder indirektes Zitat verwenden will.

Bevor man anfängt zu lesen, überlegt man noch einmal, warum man das liest und zu welchen Kapiteln das Gelesenen höchstwahrscheinlich passen wird und könnte. Texte sind allerdings kleine Überraschungseier. Man findet da manchmal Infos, die man nicht erwartet hat, aber trotzdem an bestimmten Stellen gut gebrauchen kann.

Was das Lesen an sich angeht, gibt es letztlich zwei Methoden:

1. bei der ersten Lektüre die interessanten Stellen direkt, stichpunktartig oder sinngemäß herausschreiben
2. bei der ersten Lektüre die Stellen nur kennzeichnen und nach Beendigung der gesamten Lektüre die gekennzeichneten Textstellen in den Quellen noch einmal sichten und dann die relevanten Infos herausschreiben

Die Vor- und Nachteile der beiden Methoden:
Ich beginne mal mit **Methode 2**:
Vorteile: Man schreibt nicht sinnlos heraus. Man hat nach der Lektüre einen sehr groben guten Überblick.
Nachteile: Man muß zweimal lesen. Man weiß eventuell nicht mehr, warum man bestimmte Stellen markiert hat. Man hat am Ende der ersten Lektüre keinen detaillierten Überblick, weil man schon wieder viel vergessen hat.

Methode 1:
Vorteile: Man muß nur einmal lesen. Man kann sofort über die Notizen verfügen. Nach beendeter Lektüre hat man bereits eine Quintessenz auf relativ wenigen Seiten im Vergleich zur Seitenanzahl der gesamten Lektüre.
Nachteil: Man schreibt etwas mehr als nötig aus der Lektüre ab.

Ich persönlich verwende beide Varianten bzw. mische ich auch beide Varianten miteinander, wobei die Variante mit der Stellenkennzeichnung die Profivariante ist. Ich würde sie nur Leuten empfehlen, die regelmäßig mit Texten arbeiten, das Gelesene gut behalten und im Kopf bereits kombinieren können. In diesem Fall ist das eine echte Zeitersparnis.

Euch würde ich erst einmal die erste Methode empfehlen. Das mag zuerst etwas mühsam erscheinen, weil der Lektüreberg so noch langsamer abgearbeitet wird, aber der Vorteil liegt darin, daß ihr zum einen ein Buch, das ihr gelesen habt, auch komplett wegpacken könnt und zum anderen, könnt ihr immer, wenn euch ein Gedanke interessant vorkommt, nachschauen, ob ihr das schon notiert habt. Im Bejahensfalle reicht es dann, wenn ihr dann nur noch einen Stichpunkt notiert, so dass ihr, verwendet ihr den Gedanken in eurem Text, auf eine doppelte Quelle verweisen und die Wissenschaftlichkeit eures Textes erhöhen könnt. Bei dieser Methode müßt ihr sofort entscheiden, ob eine Textstelle zum Text paßt oder nicht. Dabei ist die Orientierung an der aufgestellten Gliederung sehr wichtig.

In anderen Leitfäden werden verschiedene Techniken erwähnt, wie besonders kreativ gelesen werden kann. Da wird dann vorgeschlagen, eine Vision zu zeichnen oder aufschreiben, sich vor dem Lesen frei Schreiben (!!! großes Tennis, dieser Vorschlag!!! Da fragt man sich echt manchmal, wo diese Deppen diese Vorschläge mal empirisch abgesichert haben), Fragen an den Text zu formulieren und schriftlich beantworten zu versuchen, ein wissenschaftliches Journal anzulegen oder mind-maps vom Gelesenen zu machen. Naja!? Kann man vielleicht tatsächlich machen, muß man aber nicht.

Für mich ist das Entscheidende, daß ihr euch immer wieder fragt, ob der Gedanke, die Textstelle etc. zu eurem Thema paßt. Ihr werdet das öfter bejahen als verneinen, da ihr euch oft unsicher seyn werdet. Glaubt mir aber, daß es zeitsparender ist, lieber 4, 5 Sätze mehr abzuschreiben, als ewig darüber nachzudenken, ob ihr es tatsächlich braucht. Das klingt widersprüchlich, ich weiß, daher vielleicht noch einmal etwas genauer: ihr sollt euch natürlich fragen, ob der entsprechende Gedanke zu einem eurer Kapitel oder einem Kapitel paßt, aber ihr sollt euch diese Frage nur einmal stellen und nicht fünfmal oder irgendwelche mentalen Verspannungstechniken anwenden, um das herauszubekommen. Wenn ihr euch unsicher seid, notiert es und geht weiter im Text. Wenn ihr später sortiert, werdet ihr merken, ob ihr die Stelle tatsächlich benötigt.

„Aber machen wir uns dadurch nicht mehr Arbeit?"
Nein. Aus zwei Gründen:

1. Das andere dauert im Gesamten länger und kann darüber hinaus nur verwirren. Mit dem Notieren habt ihr es abgehakt und könnt weitermachen.
2. Und hier kommt jetzt ein weiterer Arbeitsschritt hinzu: Immer, wenn ihr eine Textlektüre beendet habt, sortiert ihr die Stichpunkte sofort in die passenden Stellen des Skeletts ein, so daß ihr immer auf dem aktuellen Stand bezüglich der gefüllten Kapitel seid. Das heißt, daß ihr nach jeder Lektüre sehen könnt, welche Kapitel sich langsam mit Infos füllen. Praktisch heißt das, daß ihr die entsprechenden Textstellen mit der Seitenzahl am Anfang in das Kapitel kopiert und darunter in Klammern den Autor und das Erscheinungsjahr schreibt, damit ihr es sofort für das Zitieren während des Schreibprozesses parat habt.

Ein weiterer Vorteil des sofortigen Abschreibens und anschließenden Einsortierens liegt dabei auf der Hand: ihr könnt besser abschätzen, ob ihr zu einem bestimmten Kapitel noch zusätzlich etwas lesen müßt, oder ob das ausreichend ist, was ihr da habt. Ihr könnt damit wieder Lesezeit und somit Gesamtzeit einsparen.

Generell gilt: Nicht blind Infos sammeln, sondern immer nach jeder Durchsicht, nach jeder Lektüre inne halten und überlegen, ob neu strukturiert werden kann oder sollte. Ihr seht: denken spart Zeit, auch wenn es sich anfänglich nicht so anfühlen mag.

Das vorgeschlagene System ermöglicht aber noch etwas anderes, was gerade für Ghostwriter und für Strategen interessant ist. Ich will es mal folgendermaßen umschreiben: Wenn man Zeit an einer Stelle einspart, kann man sie, sofern die Gesamtzeit nicht überschritten wird, an anderer Stelle raufpacken. Bezüglich der Lektüre heißt das, dass man noch weitere, andere, sehr spezielle Literatur zum Thema lesen kann, denn es gilt: je mehr Lektüre, desto besser kann man mit den Infos und mit dem Thema spielen; je mehr Lektüre, desto dichter wird der Kern der Arbeit und desto größer wird die Vielfalt des Kontextes – also sprich: die wissenschaftliche Tiefe.

Und mit dem „Spielen" ist gemeint, daß man abwechslungsreicher Zitieren kann. Die meisten Fachautoren wiederholen sich in vielen Dingen, weisen eine große gemeinsame Schnittmenge auf, was auch nicht weiter verwundert, wenn man bedenkt, daß die alle dieselben Bücher gelesen haben und meistens dieselben Leute zitieren. Wir sind hier wieder bei der 3-Bücher-Regel, wie ihr aufmerksamen Leser natürlich gemerkt habt. Abwechslungsreiches Zitieren heißt nun, daß die Autoren, bei denen dasselbe steht, abwechselnd oder auch zusammen als Nachweis im Text auftauchen können. Für die Notizen heißt das, daß einmal der Sinngehalt der Info vorhanden seyn muß und es dann ausreicht, nur noch zu notieren, wo das noch aufgetaucht ist. Bei der Ausformulierung wird dann mal der Autor genommen und mal der. Für den Leseprozess bedeutet das, daß man die Stellen, wo sich das Thema wiederholt, überfliegen kann. Versteht ihr jetzt, warum ihr die Literatur einteilen und mit den sehr wichtigen Büchern anfangen sollt?

Das System könnt ihr natürlich auch anwenden, um Kapitel aufzufüllen. Ihr habt die Basis für ein Kapitel aus einer Quelle gezogen, spielt ab und zu andere Autoren mit denselben Infos als Quellen ein und sucht euch die 2,3,4 extravaganten Infos aus anderen Quellen gezielt zusammen. Voila, behangen ist das Skelett mit Fleisch!

„Okay, alles schön und gut,,, sagt ihr, „aber wann habe ich denn genug Fleisch ans Skelett gehangen?"
Wieder eine gute Frage, schön, aber so pauschal kann man das leider nicht beantworten. Ein Orientierungspunkt ist wie gesagt das Verhältnis zwischen Seitenzahl und neuer Quelle. Ein anderer Ansatzpunkt könnte die Anzahl der genannten Quellen auf einer Seite seyn, allerdings spielt hier das Gefühl eine kleine Rolle. Es ist durch-

aus okay, mal auf einer Seite nur eine einzige Quelle zu nennen. Allerdings sollte das an einer anderen Stelle ausgeglichen werden. Eine halbwegs akzeptable Richtschnur sind 3–5 genannte Quellen pro Seite.

Man könnte das aber auch an der Quantität fest machen. Wenn ihr für jede zu schreibende Seite mindestens 1 Seite und maximal 2 Seiten Notizen von verschiedenen Autoren habt, sollte es ausreichend seyn (in unserem 45-Seiten-Beispiel wären es also 45–90 Seiten Notizen). Dabei ist zu bedenken, daß die 1 Seite Notizen für Schreibbegabte gilt, die auch gerne zwischendurch mal etwas mehr schwafe.... äh' schreiben. Die zwei Seiten Notizen sind schon ordentlich Material, mit dem man sehr gut spielen kann. Die machen allerdings auch mehr Arbeit bei der Lektüre, beim Sortieren und beim Schreiben, die Infos wollen schließlich bewältigt werden. Und hier kommt das Problem ins Spiel, daß man plötzlich emotional an den Notizen hängt und denkt, alles unterbringen zu müssen. Für Anfänger kann das tödlich seyn und genau das eintreten, was wir verhindern wollen: den Text persönlich nehmen.

Mehr als zwei Seiten Notizen pro zu schreibender Seite sollten es aber nicht seyn, da ihr das nicht bewältigen werdet bzw. fängt an diesem Punkt das Diss-Niveau an. Konkreter kann das leider nicht gesagt werden, weil es immer auch themenabhängig ist. Achtet einfach auf die grobe Orientierung 1–2 Seiten themen– bzw. kapitelspezifischer Notizen pro zu schreibender Seite. Alles Weitergehende müßt ihr „erfühlen". Es wird auch Kapitel geben, da wird euch eine Seite Notizen pro zuschreibender Seite reichen, weil das Kapitel nicht ganz so wichtig ist.

Ich persönlich operiere gerne mit viel Material, da ich gerne aus dem Vollen schöpfe. Ich bin aber auch relativ schnell im recherchieren, lesen und sortieren. Hier müßt ihr euren Weg finden, der für euch immer den Spagat bedeutet zwischen effizientem, zeitsparenden Arbeiten und ausreichend Material, um das Thema so bearbeiten zu können, daß es für ein „ausreichend" reicht. Und das hier das ausschließliche Zurückgreifen auf Wikipedia-Artikel das „ausreichend" nicht absichern wird, sollte allen Anwesenden klar seyn.

Noch eine Info am Rande für die Technik- und Computeraffinen unter euch. Es ist natürlich extrem geschmeidig, wenn man mit Spracherkennungssoftware arbeiten kann. Dann braucht ihr nur noch ein Mikro und ihr könnt die Notizen einsprechen. Aber auch die besseren Programme laufen noch nicht perfekt und benötigen noch Nacharbeit, aber wer das nicht scheut, könnte hier eine nette Arbeitserleichterung an die Hand bekommen. Spracherkennungssoftware wird auf jeden Fall die Ghostwriting-Branche revolutionieren.

2.6 Das Sortieren

Gut. Ihr habt fleißig gelesen und das Gelesene einsortiert. Ihr habt jetzt in jedem Kapitel eine bestimmte Anzahl von Informationen zu stehen. Als nächster Schritt erfolgt das Sortieren der einzelnen Kapitel. Das heißt, daß die Notizen der einzelnen Kapitel in eine sinnvolle Reihenfolge gebracht werden.

Vorteilhaft wäre es, wenn ihr diesen Arbeitsschritt für alle Kapitel hintereinander machen könntet. Vorteilhaft wäre es, weil ihr dann hintereinander all eure Aufzeichnungen noch einmal lesen und ihr zum einen noch einmal überprüfen könntet, ob tatsächlich in jedem Kapitel nutzbare Infos enthalten sind oder ob ihr nicht doch noch etwas Lektüre nachschieben müßt. Zum anderen beschäftigt ihr euch intensiv mit dem roten Faden eures Textes, und das ist äußerst wichtig. Durch das Sortieren wird der gesamte Text in eine logische Linie gebracht. Ihr werdet beim Sortieren merken, daß ihr bestimmte Notizen falsch einsortiert habt oder diese an gar keiner Stelle mehr nötig sind und rausfliegen können.

Upps, in dem Zusammenhang: Ihr fertigt mal schnell noch eine weitere Textdatei an. Die nennt ihr „Müll". Die muß nicht dasselbe Layout wie die anderen Textformate haben. Hier kopiert ihr all die Notizen herein, die ihr für den Text nicht benötigt. Natürlich auch mit Seitenzahl und Autorname. Und am besten auch unterteilt in Kapitel. Es kann nämlich seyn, daß ihr später merkt, daß doch noch was fehlt. Und dann würdet ihr euch in den Arsch beißen, wenn euch plötzlich einfällt, daß ihr mal so einen Stichpunkt hattet und den gelöscht habt, weil er euch zu Beginn des Sortierens überflüssig erschien. Die Arbeit an einem Text kann nämlich, und das sei mal als generelle Weisheit bezeichnet, viele Wendungen nehmen, und den klugen Strategen zeichnet aus, daß er auf alle Wendungen vorbereitet ist.

Aber nochmal zurück zum roten Faden. Die Profs wollen sehen, daß das Ganze im Auge war. Und das zeigt ihr am besten durch ein logisch aufgebaute Argumentation. Das Sortieren ist aber weiterhin wichtig, weil er der direkten Vorbereitung des Schreibens gilt. Macht ihr diesen Schritt gut, habt ihr weniger Probleme beim Schreiben bzw., wenn wir es mal positiv ausdrücken wollen, wird sich der Text fast von allein schreiben.

Und noch einen Grund gibt es, warum wir sortieren. Gerade die Kapitel, die besonders viel Fleisch abbekommen haben, müssen in der Regel auch eingekocht, daß heißt verkleinert werden. Oder um es mal ganz simpel auf den Punkt zu bringen: Ihr habt 6 Seiten Notizen. Das Kapitel soll aber nur 3,5 Seiten lang seyn. Ihr könnt besser einkochen, wenn ihr die Notizen thematisch anordnet.

Beim Sortieren selbst arbeite ich immer mit zwei Dateien. Die eine Datei ist die Schreibdatei. Die andere Datei ist der „Arbeitstext 2". Warum denn „2" werdet ihr aufmerksamen Leser euch fragen. Na weil wir den „Arbeitstext 1" nicht mehr anfassen. Da stehen die Ursprungsinfos drin. Das ist gut so. Wenn irgendwas schief geht, ihr beim Sortieren durcheinander kommt, ausversehen Notizen löscht, was auch immer – im „Arbeitstext 1" findet ihr alles wieder. Also wird „Arbeitstext 1" von euch kopiert und dann nicht mehr angefaßt. Die Kopie nennt ihr „Arbeitstext 2" und arbeitet ab jetzt mit dieser weiter.

Ihr geht nun Kapitel für Kapitel folgendermaßen vor: Als erstes kopiert ihr den Inhalt des entsprechenden Kapitels aus dem „Arbeitstext 2" in den „Schreibtext". Dann lest ihr euch alle Notizen ein weiteres Mal durch. Beim Lesen werden euch schon bestimmte Dinge auffallen, z.B. daß Infos doppelt oder dreifach vorkommen, daß es thematische Gemeinsamkeiten zwischen Infos gibt, daß bestimmte Infos aufeinander aufbauen, sich gegenseitig bedingen und so weiter.

Im Idealfall werden euch kleine Überschriften einfallen, die das Kapitel in verschiedene Bereiche aufteilen. Diese Überschriften schreibt ihr entsprechend der Reihenfolge unter die Kapitelüberschrift des Kapitels im „Arbeitstext 2", deren Infos im „Schreibtext" stehen. Ihr gestaltet sozusagen eine weitere Gliederung. Diese kleinen Überschriften sind aber nur zu eurer Orientierung. Das sind selbstverständlich keine offiziellen Unterkapitel. Die werden beim Schreiben gelöscht, in Ordnung?

Wenn ihr zum Beispiel ein Kapitel habt, in dem die Historien eines Prozesses dargelegt werden soll, sortiert ihr das Kapitel chronologisch. Oder ihr müßt in dem Kapitel Gründe für XY aufzählen, dann unterteilt ihr das Kapitel in die verschiedenen Gründe und sortiert die Infos den entsprechenden Gründen zu.

Wenn ihr also eure kleinen Überschriften oder die Struktur eurer Argumentation im Kopf habt, sortiert ihr die Notizen aus dem „Schreibtext" im „Arbeitstext 2" ein. Bedenkt dabei, daß ihr Notizen eines Autors vielleicht auch noch einmal splitten müßt. Das kann mühselig werden, weil ihr vielleicht von zwei oder drei Autoren viele Notizen habt, die aber durcheinandergewirbelt werden müssen, weil dies logischer ist bzw. weil Notizen dieses Autors besser doch in andere Kapitel gehören. Aber die Arbeit lohnt sich angesichts des nächsten Schrittes, des Schreibens, welcher den meisten von euch ja diese unnötigen Kopfschmerzen bereitet.

Vergeßt beim Sortieren nicht, sofern ihr die Notizen eines Autors splitten und im Kapitel verteilen müßt, jede einzelne Notiz mit der Seitenzahl und Autorenname sowie Erscheinungsjahr zu versehen. Ihr wißt sonst später nicht mehr, von wem die Info stammt. Ihr könntet natürlich in solchen Fällen im „Arbeitstext 1" nachschauen, aber vergeßt bitte nicht, daß wir Zeit sparen wollen. Und suchen dauert immer, fragt mal Spürhunde!

Ihr geht alle Notizen, die im „Schreibtext" stehen, durch und kopiert sie zurück in den „Arbeitstext 2" an genau die Stelle, wo sie in dem Kapitel stehen soll. Wenn ihr alle Notizen durchgegangen seid, sollten sich alle Notizen an der richtigen Stelle im „Arbeitstext 2" befinden. Der Unterschied zwischen „Arbeitstext 1" und „Arbeitstext 2" besteht nun darin, daß das Kapitel jetzt eine innere, logische Struktur aufweist.

Sollten noch Infos im Schreibtext seyn, die ihr partout nicht in das Kapitel einsortieren könnt, solltet ihr überprüfen, ob diese vielleicht an andere Stellen in den Text passen. Sollte das nicht der Fall seyn, ab mit ihnen in den „Müll"-Ordner.

Das ganze Prozedere macht ihr Kapitel für Kapitel bis zum bitteren Ende. Wenn ihr durch seid, habt ihr ein strukturiertes Textfragment. Ihr kopiert nun „Arbeitstext 2" und nennt die Kopie „Arbeitstext 3". Ihr faßt „Arbeitstext 2", eure sortierte Sicherheitskopie, nie wieder an und arbeitet ab jetzt mit „Arbeitstext 3" weiter.

2.7 Das Formale

Über das Formale habe ich ja schon einiges gesagt bzw. habe ich euch eingeimpft, das Formale im Vorfeld abzuklären. Bevor es ans Schreiben geht, möchte ich, daß ihr euch noch einmal vergewissert, daß ihr alles korrekt macht. Als Checkliste gilt hier:

- Benutze ich das richtige Layout?
- Kenne ich die Zitationsweise?
- Wieviele Seiten muß ich Minimum bzw. Maximum schreiben?
- Gibt es irgendwelche weiteren Vorgaben?

Warum stresse ich euch damit? Wie bei allen Institutionen gibt es auch bei der Wissenschaft bestimmte Vorgaben, die als Art Erkennungszeichen fungieren.

Wie ich schon erwähnte, gilt die Abschlußarbeit als Eintrittskarte in den illustren Kreis der Wissenschaft, ob man da nun bleiben möchte oder nicht. Und die Wissenschaft ist eine alte ehrwürdige Dame, die auf Etikette großen Wert legt. Etwas ist es wie bei allem Althergebrachten: viel Aufwand, wenig dahin..... das wär' jetzt fies. Aber es ist schon etwas mehr Schein als Seyn. Oder drücke ich es mal anders aus: Unter Ghostwritern geht das Gerücht um, daß das Formale 30% der Zensur ausmacht. Im Umkehrschluß heißt das: wenn das Formale perfekt ist, einigermaßen ein „roter Faden" vorhanden ist und grobe Schnitzer vermieden werden, ist der Drops in der Regel gelutscht.

In dem Zusammenhang bringe ich immer gerne die Geschichte – und mir ist wurscht, ob es sich hier um eine Großstadtlegende handelt, denn es klingt durchaus realistisch – daß formal perfekte Große Hausarbeiten in Jura durchgekommen sind, obwohl in ihnen nur Nonsens stand wie Kochanleitungen. Dort haben die HiWi's oder Doktoranden der Profs nur auf das Formale und die Anzahl der Fußnoten geschaut und danach Zensurempfehlungen ausgesprochen.

Ihr werdet das natürlich nicht machen, klar, aber ich möchte, daß ihr total sauber arbeitet und alle formalen Anforderungen befolgt, egal wie bescheuert euch diese vorkommen. Also nochmal für alle zum Mitsprechen die Lektion vier: *„Ich kenne alle formalen Vorgaben und halte mich zu hundert Prozent daran.“*

2.8 Das Schreiben

Ihr solltet, so hoffe ich zumindest, mittlerweile der Überzeugung seyn, daß „wissenschaftliches Schreiben" mehr ist als nur zu schreiben. Schreiben steht am Ende eines Prozesses oder wenn wir es mal in der wissenschaftlichen Tradition des protestantischen Bildungsbürgertums ausdrücken wollen: Schreiben ist Ergebnis (mehr oder weniger) harter und fleißiger Arbeit.

Ich erwähnte bereits, daß ihr Studis deutschlandweit, und wohl auch die Studis in Österreich und in der Schweiz, damit allein gelassen werdet, 30, 40 oder noch mehr Seiten zu füllen. Das war auch zu meiner Zeit so, und ich gehe stark davon aus, daß sich das auch nicht ändern wird in Zukunft. Die Schulen haben sich etwas bewegt, aber die Arbeiten, die an der Schule im Abiturdurchgang selbständig erstellt werden sollen, kommen auch nur selten über 20 Seiten hinaus

Wenn ihr jetzt auf das blickt, was ihr in den letzten Wochen erarbeitet habt, seht ihr 60% der Arbeit. Es fehlen nur noch 40%. Und selbst das ist nicht ausschließlich der Schreibanteil, wenn ihr euch erinnert. Denn die 30%, die nun folgen, sind die logische Fortführung der vorangegangen 60%. Wenn ihr gut sortiert habt, macht sich das Schreiben von allein, denn der rote Faden ergibt sich aus den notierten und sortierten Stichpunkten. Das Schreiben besteht also letztlich darin, sich nicht krampfhaft irgendwas aus den Fingern zu ziehen, sondern zu entscheiden, wie ihr die Notizen aneinanderreiht, miteinander kombiniert und an welchen Stellen ihr eure eigene Gedanken geschmeidig dazwischen schieben wollt.

In der Literatur zum wissenschaftlichen Schreiben gibt es einen ganzen Batzen an Hinweisen, was man alles machen kann, um besser schreiben zu können. Ich zähle das jetzt nicht auf, da ihr es höchstwahrscheinlich einfach nicht brauchen werdet, denn diese Autoren gehen bei ihren Konzeptionen davon aus, daß ihr beim Schreiben bei Null anfangt. Das tut ihr aber nicht, denn der Text ist ja fast schon fertig, da ihr ihn perfekt vorbereitet habt. Wenn man die anderen, in diesem Leitfaden beschriebenen Arbeitsschritte sorgfältig ausgeführt hat, muß man nicht mehr so ein Brimborium um das Schreiben machen.

Dann ist eigentlich nur noch eins wichtig: ein gutes Schreibklima zu schaffen. Dazu kann es notwendig zu seyn, sich zu erinnern, wann man mal gut geschrieben hat und wie das passiert ist. Wenn ihr so etwas noch nicht hattet, überlegt euch, was ein geeignetes Setting für den Schreibprozess ist. Und das kann bei jedem anders seyn.

Vielleicht merkt ihr, daß ihr jeden Tag euren Schreibort wechseln müßt, vielleicht braucht ihr aber auch permanent Wusel um euch und schreibt am liebsten in einem Cafe. Immerhin gibt es da guten Kaffee ohne Ende und euren Schreibfluß müßt ihr auch nicht unterbrechen, um zu kochen oder so was. Machen ja andere für euch. Vielleicht braucht ihr aber auch vollkommene Ruhe und schreibt lieber in der Bib oder Zuhause. Vielleicht wollt ihr aber auch im Bus schreiben oder im Flugzeug, vielleicht wollt ihr nackt dabei seyn oder euer Starwars- oder Krankenschwesternkostüm dabei tragen (bei Letzterem könnt ihr mir gerne ein Photo schicken). Keine Ahnung. Ihr solltet aber auf jeden Fall direkt in den Rechner tippen und nicht erst handschriftlich den Text verfassen. Aber das ist wahrscheinlich ein sinnloser Hinweis, weil ihr sowieso nicht mehr wißt, was ein Füller ist.

Wenn ihr das mit euch ausgemacht habt, kann es ans Schreiben gehen. Macht euch als erstes klar, daß jeder schreiben kann. Nicht jeder kann gut schreiben, aber jeder kann schreiben. In der Arbeit geht es nicht um den Stil. Wer Angst davor hat, nicht richtig schreiben zu können, dem sei gesagt, daß es in der Abschlußarbeit keine Zensur für Ausdruck gibt. Natürlich liest jeder gerne kunstvoll geschriebene Sätze, aber die Profs wissen, daß sie in der Regel keine Schriftsteller unterrichtet haben, und die meisten Profs haben selbst unendlich elende Stile.

Wer nichts falsch machen will, fängt einfach mit einfachen Hauptsätzen an. Zur Not wird dieses Programm bis zur Zusammenfassung durchgezogen. Liest sich Scheiße, aber wenn der Inhalt stimmt, wird es nicht der Grund seyn, weshalb man durchfällt. Ausnahme mögen vielleicht die künstlerisch angehauchten Fächer seyn wie Literatur, Kunst oder Kulturwissenschaft. Dort ist man vielleicht der Meinung, daß nach 3 oder 4 Jahren Studium etwas von der Aura des Faches auf die Studenten übergegangen seyn sollte, aber auch hier wird der schlechte Stil höchstens mit „bestanden" bestraft, und allein das ist das Ziel eures Projektes.

Ihr müßt nichts anderes machen, als das Gelesene und das von euch Verstandene mit euren eigenen Worten wiederzugeben. Habt den Mut, euch schriftlich auszudrücken. Der Text wird nicht durch Sprache, sondern durch Belege, Stichhaltigkeit der Argumente und durch Nachvollziehbarkeit wissenschaftlich. Und das ist das Ziel: ein wissenschaftlicher Text. Nicht der Nobelpreis für Literatur. Daher als Lektion Nummer sechs (Ja, alle zusammen!): *„Ich benutze meine eigene Sprache."*

Erklärt, beschreibt, argumentiert mit euren eigenen Worten. Die nötigen Fremdworte und Fachbezeichnungen kommen von ganz allein in den Text aufgrund der Lektüre. Und wie ich bereits erwähnt habe, müßt ihr nicht mehr so viel Neues formulieren. Der Großteil dessen, was im Text stehen soll, steht ja bereits dar. Ihr müßt nur noch entscheiden, ob ihr die Zitate direkt verwenden wollt oder ob es indirekte Zitate seyn sollen oder ob ihr mehrere Notizen gedanklich zusammenfassen wollt. Je nachdem müßt ihr umformulieren, zusammenfassen und so weiter. Und die eigenen Gedanken, die ihr dazwischenquetscht, werden auch eher kleine Absätze seyn und keine 5-seitigen Monologe. Also alles entspannt.

Und euer eigener Stil wird sicher stellen, daß ihr verständlich seyn werdet. Wenn ihr versucht, irgendeinen angeblichen Wissenschaftsstil zu kopieren, wird es nach hinten los gehen. Und daß ihr verständlich schreiben könnt, belegen Tausende Emails, Whattsapp-Nachrichten und was weiß ich noch, die ihr seit Jahren mit euren Freuden austauscht. Und die bekommen auch mit, was ihr von denen wollt.

Das Wichtigste am Schreiben ist die Verständlichkeit und gerade die ist nicht selten in Texten von Wissenschaftlern dadurch gefährdet, daß die hauptsächlich Fremdwörter verwenden, die sie nicht mal alle richtig verwenden, oder Schachtelsätze schreiben, an deren Ende sie offensichtlich den Anfang vergessen haben.

Die Kunst wissenschaftlichen Schreibens besteht darin, dem Leser mit wenigen Wörtern zu helfen, das Abbild der Wirklichkeit aufzudecken, das man selbst entdeckt hat. Je weniger Wörter der Schreiber dazu benötigt, desto näher ist der Leser diesem Abbild.

Auch mit eurer wissenschaftlich angehauchten Alltagssprache (das man ein gewisses Sprachniveau ausbildet, wenn man 3,4,5 Jahre studiert, läßt sich gar nicht vermeiden) könnt ihr Sachlichkeit, Genauigkeit, Klarheit zum Ausdruck bringen. Und darum gehts. Alles andere macht ihr dann in der Endkontrolle.

Aber um es noch mal zu betonen: macht euch nicht so einen Kopf bezüglich des Stils. So viel wirklich eigenen Scheiß müßt ihr nicht schreiben. Es steht ja schon fast alles da. Ihr müßt umformlieren, mit euren Worten Gelesenes wiedergeben, eure Gedanken formulieren, aber ihr müßt nicht 40, 50 oder mehr Seiten aus euren Hirninnersten pressen und ausschließlich mit euren Worten formulieren.

Wenn ihr im Schreibfluß seid, unterbrecht diesen nicht, weil euch eine Formulierung komisch vorkommt. Die Formulierung ist scheißegal. Es darf nur keine Falschaussage seyn. Aber alles, was mit dem Stil zu tun hat, das Aufpeppen eures Stils mit noch etwas mehr wissenschaftlichem Getue, das Rausstreichen von Füllwörtern und allzu arger Umgangssprache, Alter, macht ihr in der Endkontrolle. Daher mal zwei Lektionen im Doppelpack (schnell hintereinander weg sprechen):
7. *„Ich lasse jeden Satz stehen."*
8. *„Ich überarbeite erst am Schluß!"*

Und bedenkt immer, dass es gar nicht so entscheidend ist, was man geschrieben hat, sondern ob man die richtigen Fragen gestellt hat. Das wird von den Dozenten honoriert. Sie wollen einerseits mit klugen Fragen und „neuen" Antworten überrascht werden und andererseits sehen, daß man die Fragen stellt, die für dieses Thema wichtig sind, und diese Fragen sind bei jedem Thema begrenzt.

In der Literatur werden oft 2 Seiten pro Tag angegeben, die man schaffen kann. Gute Ghostwriter schaffen die 2 Seiten gerne auch mal in einer Stunde. Warum? Weil ihnen der Stil egal ist. Stil ist Luxus. Man kann auch 80 Seiten geschrieben in einfachen, kurzen Hauptsätzen abgeben. Das liest sich Scheiße, klar, aber es ist legitim. Warum sich mit etwas quälen, wenn es gar nicht nötig ist?

Die hohe Kunst ist natürlich das Schreiben aus dem Gedächtnis. Da nehmen sich gute Ghostwriter und Professoren nichts. Ein guter Ghostwriter, der den Job schon seit mehreren Jahren oder sogar Jahrzehnten ausübt, hat natürlich eine Menge in dieser Zeit gelernt. Er kann, ebenso wie ein Professor, einen wissenschaftlichen Text in seinen Spezialgebieten aus dem Kopf schreiben, jedenfalls den roten

Faden, die einzelnen Quellen muss er dann nachschlagen, aber der große Vorteil: diese Text haben einen ganz besonderen Schreibstil, sie sind flüssig, leicht und doch voller Tiefe und Details. Direkte Zitate sind in solchen Texten ausgewählte Juwelen und keine Seitenschinder (siehe Kap. 2.8.2). Diese Texte sind nicht nur inhaltlich gut, sie lesen sich auch gut. Vielleicht bekommt ihr das auch schon hin, aber ihr müßt das gar nicht. Ihr konzentriert euch lieber auf Verständlichkeit und Sachlichkeit. Und dann bin ich überzeugt, daß auch ihr mehr als 2 Seiten am Tag schafft.

Beim Schreiben geht ihr natürlich Schritt für Schritt vor. Ihr nutzt hier natürlich den „Schreibtext". Kopiert die sortierten Notizen des jeweiligen Kapitels, das ihr bearbeiten wollt, aus dem „Arbeitstext 3" in den Schreibtext, schaut euch noch einmal an, wie viele Seiten dieses Kapitel haben soll und fangt an.

Theoretisch gibt es nicht nur eine Art, im Text vorwärts zu schreiten. Man kann die Kapitel kreuz und quer und durcheinander verfassen. Ich persönlich bevorzuge allerdings das Schreiben von vorn nach hinten (Ausnahme natürlich: Einleitung und Zusammenfassung. Die Erklärung hierzu folgt in Kap. 2.10). Das hat den Vorteil, daß so eher sichergestellt werden kann, daß die Kapitel auch argumentativ aufeinander aufbauen. So bemerkt man auch eher unlogische Stellen in der Gliederung. Und man kann diese dann verändern und bearbeiten, ohne sich bereits Arbeit mit späteren Kapiteln gemacht zu haben, die nun eventuell auch verändert werden müssten. Ihr erinnert euch – wir wollen Zeit und Nerven sparen.

Natürlich gibt es immer wieder Kapitel, die man vorziehen kann. Das sind in der Regel Kapitel, in denen irgendetwas erklärt wird (Begrifflichkeiten, historische Einschübe, Erklärung einer bestimmten Methode etc.), was nicht direkt mit eurer Argumentation zu tun hat. Ich würde euch aber raten, darauf eher zu verzichten und schön von 1 bis unendlich vorzugehen. Ihr kommt dann nicht durcheinander und könnt nach jedem Arbeitstag auf einem Blick sehen, wie viel ihr insgesamt schon geschafft habt. Denn wenn ihr ein Kapitel fertig gestellt habt, wird dieses zurück an die Stelle im „Arbeitstext 3" kopiert und dann das automatisch erstellte Inhaltsverzeichnis aktualisiert.

Im Schreibprozess könnt ihr ebenso wie beim Sortieren merken, daß bestimmte Notizen nicht mehr in den Text passen. Das könnte vor allem dort passieren, wo die Diskrepanz zwischen der Anzahl der Seiten an Notizen und des festgelegten Seitenumfangs des Kapitels zu weit auseinander geht. Versucht nicht krampfhaft alles unter zu bekommen. Manchmal muß man sich auch von bestimmten Notizen trennen. Verschiebt die dann in die „Müll"-Datei. Natürlich müßt ihr abschätzen, ob ihr auf das Argument verzichten könnt. Wenn es den Kern des Kapitels ausmacht, sollte es besser im Text bleiben. Aber es gibt Infos, die nett sind, die passen könnten, die aber nicht zwingend im Text enthalten seyn müssen. Entscheidet! Und entscheidet schnell. Hier kommt wieder die Lektion drei zum Tragen. Und alle: *„Meinem Text gegenüber habe ich keine Gefühle."*

2.8.1 Den Inhalt verdichten

Den Inhalt eurer Arbeit verdichtet ihr durch zwei Maßnahmen. Zum einen geschieht dies durch die Absicherung eurer Argumentation mit Quellen. Das tauchte in diesem Leitfaden schon an der ein oder anderen Stelle auf. Überhaupt abzusichern, wird für euch kein Problem darstellen, da ihr ja genügend Notizen habt und diese den roten Faden eurer Argumentation darstellen. Ein Text wird „wissenschaftlicher", wenn man möglichst viele Stellen doppelt absichert, d.h. daß man nicht nur eine Quelle zitiert, sondern zwei oder drei. Das geht natürlich nicht bei allen Stellen, und man muß das auch nicht, aber man kann damit auftrumpfen, v.a. wenn es umstrittene Ideen, Themen etc. sind.

Ihr solltet erst einmal mit den Notizen arbeiten, die ihr habt. Wenn ihr merkt, daß die ein oder andere Stelle weiter unterfüttert werden sollte, dann sucht dezidiert nach entsprechender Literatur und scannt die Literatur nach dieser Info ab. Ihr benötigt ja nichts anderes als Autor, Erscheinungsjahr und Seitenzahl. Das solltet ihr aber wirklich nur bei sehr wichtigen Stellen machen, die ohne eine zweite Quelle eure Argumentation relativ mau erscheinen lassen. Denn dieser Vorgang kostet Zeit. So eine Stelle wäre es z.b., wenn eure Ansicht zum Vegetariertum als Bestandteil eurer Argumentation für mehr Tierschutz als einzige Quelle Adolf Hitler vorweisen kann. Da würde definitiv noch Handlungsbedarf bestehen. Die Mutigen können dann Hitler als Quelle stehen lassen. Man hat halt breit gelesen.

An einigen Stellen könnt ihr auch regelrecht Massennennungen von Quellen vornehmen. Da tauchen dann 3,4,5 oder mehr Autoren auf, bei denen ihr den Nachweis für dieses Argument gefunden habt. Das wird relativ häufig im Grundlagenteil eurer Arbeit vorkommen. Dort, wo es möglich ist, macht das. Wie gesagt, mehrfaches Absichern ist immer gut. Aber das einfache Absichern, also das Nennen von nur einer Quelle, wird am häufigsten vorkommen und das ist auch Okay so. Das ist die Regel und „normal" wissenschaftlich. Versucht hier eine gute Mischung hinzubekommen.

Der andere Weg der Verdichtung sind eure eigenen Gedanken. Die eigenen Gedanken stellen sozusagen das Gold des Textes dar. Gold ist kostbar und wichtiger – es ist selten. Ihr müßt also nicht seitenlang herumschwafeln, sondern pointiert euer Hirnschmalz aufblitzen lassen.

Das Wichtigste zuerst: auch wenn ihr während der Lektüre, während des Sortierens und auch während des Schreibens eigene Gedanken entwickelt habt, werden die Notizen aus den Quellen überwiegen. Diese stellen den roten Faden eurer Argumentation dar, den ihr durch das Sortieren hergestellt habt. Beim Schreiben ist es somit eure Aufgabe, die Notizen in den Dienst eurer Argumentation zu stellen. Oder um es ganz platt zu sagen: wenn ihr nur die Notizen aneinanderreiht, wird man sich fragen, wo der Eigenanteil von euch an der Arbeit ist.

Es muß also zu jeder Zeit so aussehen, daß ihr die Argumente ins Feld führt und die nicht alleine losgelaufen sind. Im vorangegangenen Kapitel habe ich geschrieben, daß der beste Stil dann entsteht, wenn man viele Fakten und die Argumentation im Kopf hat. In dem Fall nutzt man definitiv die Quellen für sich. Wenn man das beherrscht, und das tun eben gute Ghostwriter, kannst du selbst in Themen, wo du keinen Blassen hast, einen Text gestalten, der mindestens solide Kenntnisse vortäuscht. Genau das könnt ihr auch und werdet ihr auch tun, denn die Struktur, die ihr erstellt habt, trägt bereits eure Handschrift. Ihr müßt jetzt nur dafür sorgen, daß das auch erkannt wird. Und das geht mit relativ einfachen Handgriffen.

Der **erste** Handgriff: Ein paar eigene Gedanken benötigt ihr schon. Aber das sollte nicht das Problem seyn, denn ihr seid Strategen und keine Vollpfosten. Und mitgedacht habt ihr.

Der **zweite**: Bringt die eigenen Gedanken ab und zu offensiv in Stellung. Das kann bedeuten, daß ihr ein Argument eines zitierten Wissenschaftlers kommentiert (oder – weil es mehr Spaß macht – auseinander nehmt), oder daß ihr die Konsequenz eines zitierten Argumentes zieht oder daß ihr einen größeren Gedankengang, den ihr gerade hergeleitet habt, nochmal mit eigenen Worten aus einer anderen Perspektive darstellt.

Zur Not bleibt noch: tricksen. Schlaue Gedanken und so weiter haben auch andere und manchmal werdet ihr diese schlauen Gedanken auch lesen. Wenn ihr sauber gearbeitet und eure Argumentationskette sauber hergeleitet habt, könnt ihr auch mal einen Gedanken abzweigen und als den eigenen verkaufen. Der Gedanke wird selbstverständlich in euren eigenen Worten wiedergegeben und die Quelle sollte für den restlichen Text nicht verwendet werden und auch nicht im Literaturverzeichnis auftauchen. Ich versuche das mal mit einer mathematischen Metapher auszudrücken: wenn ihr eine Teilargumentationen eures Textes mal als Rechenaufgabe betrachtet wie (3+4)x2-5x(8+2-6/4)= dann könnte man euch schon zutrauen, daß ihr selbst auf die Lösung kommt und die Lösung nicht irgendwo suchen und dann zitieren müßt, oder? Oder noch anders: die Herleitung der Relativitätstheorie in einer Bachelorarbeit würde Aufsehen erregen, aber den ein oder anderen Geistesblitz, der fast schon auf dem Silbertablett serviert wurde, ist auch einem Studi zuzutrauen.

Der **dritte**: Ihr kennt ja nun Lektion drei *„Meinem Text gegenüber habe ich keine Gefühle"* zu Genüge. Eine wissenschaftliche Arbeit kann pragmatisch konzipiert und erarbeitet werden, denn sie ist keine Belletristik. Gefühle spielen in der Wissenschaft keine Rolle, jedenfalls ist das die Meinung innerhalb des Bereiches.

Man kann das nutzen und getrost ganz kalt und berechnend vorgehen und an manchen Stellen Emotionen vorgaukeln, um die Leidenschaft in den Text zu bringen, den die Gutachter aus Abschlußarbeiten kennen, denn immerhin schließt man hier ein Kapitel seines Lebens ab und da ist etwas Aufregung und Engagement durchaus verständlich. Dem Autor kreidet man es also nicht als negativ an, wenn er gelegentlich subjektive Gedanken einbringt oder auch mal seine Sympathie für einen Sachverhalt deutlich macht. Damit sollte man aber sparsam umgehen.

Es bietet sich an, in der Einleitung bereits darauf hinzuweisen, daß es vorkommen könnte, da man so mit dem Thema verwachsen ist. Der Gutachter ist vorbereitet und wird gnädiger auf diese Abschnitte sehen. Achtet aber an diesen Stellen und auch an den anderen Stellen, wo eure Gedanken stärker zum Vorschein kommen auf das „ich". Das sollte nicht auftauchen. Immer schön neutral bleiben. Ist Wissenschaft, Alter. Da ist „ich" offiziell ganz „bäh" und „igitt", obwohl sich, wissen wir klugen Leute, das „ich" nie raushalten läßt. Aber erklärt das mal den Nerds an der Uni.

Vierter Kniff: Man will sehen, daß die einzelnen Teile zusammengehören und nicht beliebig aneinander gereiht wurden. Es geht darum zu zeigen, daß man den Stoff beherrscht, daß man Kontrolle über ihn hat, daß man seiner eigenen Argumentation folgen kann, und daß die Arbeit ein Ganzes darstellt. Und dafür sind die meisten Betreuer schon mal echt dankbar, glaubt mir, Freunde.

Das kann man textintern z.B. durch einfaches Verweisen auf andere Kapitel: „siehe Kap. XY", „wie in Kap. XY dargestellt" deutlich machen. Man kann auch immer wieder bewußt auf den roten Faden hinweisen, zeigen, daß dieses Argument zusammengehört mit bli, bla, blubb und das nochmal ausführen, selbst wenn sich eure Logik dabei grämt und zusammenzieht, weil sie sich sagt: *„Das ist doch logisch, das muß man doch nicht erwähnen."* Doch. Muß man.

Und man kann Anschlüsse nach Außen legen, in dem man kleine Bemerkungen macht, die über das Thema hinausgehen und eure große Belesenheit und euren weiten Horizont zeigen. Hierfür muß man natürlich die Infos haben. Stichwort hierfür ist „Interdisziplinarität". Aber man muß dann gar nicht groß auf die anderen angrenzenden Themen hinweisen, sondern nur gelangweilt darauf verweisen, daß Schnullibulli dank dieser Erkenntnis wohl in 10 Jahren den Paradigmenwechsel in seiner Forschungsrichtung hervorbringen wird, oder so ähnlich.

Fünftens: Wertet euer Fach auf. Vermittelt das Gefühl, daß es wichtig ist, was ihr da macht, und daß ihr euch reingehangen habt. Abgesehen von Einleitung und Zusammenfassung, wo das insbesondere hervorgehoben werden sollte, geht das vor allem auch damit, daß man Bücher mit hinein nimmt, die den Kontext nur peripher berühren. Zeigt, daß ihr weiter denkt, hebt hervor, welche tollen Lösungen man von diesem Fach noch auf diesem oder jenem Gebiet erwarten darf. Macht man das Fach groß, macht man auch die Menschen in diesem Fach groß. Ich glaube, daß man das Schmeicheln nennt.

Merkt euch, daß ihr das Rad nicht neu erfinden müßt. Das erwartet niemand, denn alle Beteiligten wissen, daß hier „nur" ein Student am Werke ist. Als normaler Student glaubt man in der Regel daran, daß die Abschlußarbeit die Welt verändert. Man ist stolz auf das Geschriebenen, das zeigt man auch im Text, ob man will oder nicht. Und man will sich als zugehörig zum Wissenschaftsbetrieb präsentieren. Als Strategen müßt ihr das zum Teil kopieren. Mit anderen Worten, und ich weiß, daß ich mich wiederhole: ein wenig auf die Kacke zu hauen ist erlaubt. Aber nur ein wenig, nicht ausschließlich. Das könnte dann wieder nach hinten los gehen.

2.8.2 Seiten schinden

Von Schiller, nee, Goethe, äh, Blaise Pascal oder letztlich doch Cicero stammt das Zitat[5] *„Hätte ich mehr Zeit gehabt, hätte ich mich kürzer gefaßt."*

Im Umkehrschluß heißt das: Seiten zu produzieren ist das Einfachste in der Wissenschaftswelt. Ihr werdet das spätestens dann merken, wenn ihr versucht aus den 8 Seiten Notizen, 4 Textseiten zu machen.

Das Einfachste, um Seiten zu schinden, ist daher das Schreiben selbst. Haut in den Kapiteln, wo ihr mehr Notizen habt als vorgegebene Kapitelseiten, einfach jeweils eine Seite mehr rauf. Das können dann schon mal locker 10–20 Seiten seyn. Und eventuell müßt ihr noch einmal die Gliederung überarbeiten und ein paar Unterkapitel einfügen. Achtet aber darauf, daß der Text dadurch nicht beliebig wird, bzw. daß sich dadurch nicht die Gewichtung eurer Argumentation verschiebt.

---

5   Googelt das mal. Es ist echt lustig, wem dieses Zitat schon alles angedichtet wurde. Hemingway und Jack London waren auch schon mal im Gespräch. Ich habe es nicht überprüft, weil es nebensächlich ist. Ich tippe mal auf Volksweisheit.

Das Zweiteinfachste ist das Einfügen von Tabellen, Grafiken und Bildern. In nicht wenigen Disziplinen wird das sogar erwartet. Schön für euch. Das ist generell in keinem Fach falsch. Allerdings gibt nicht jedes Fach die Möglichkeit dafür her. In Literatur und Philosophie sieht es eher schlecht aus damit, und ein Bild von Schiller oder Goethe macht für mich in einer seriösen Arbeit nur dann Sinn, wenn in dieser Gesichtszüge von Schriftstellern untersucht werden sollen. Man sagt, daß wissenschaftliche Arbeiten aber bis fast ein Drittel aus solchen Elementen bestehen dürfen. Aber wie gesagt, sollten diese Elemente, die ihr verwendet, auch wirklich Sinn ergeben für eure Argumentationskette. Der große Vorteil von diesen Elementen ist, daß zum einen ihre Darstellung Seitenplatz an sich schluckt und zum anderen auch deren Erläuterung, denn diese Elemente sollten nie so für sich stehen gelassen werden.

Eine Sache, mit der man immer Seiten schinden kann, sind Einleitung und Zusammenfassung. Als grobe Faustformel kann man sagen, daß beide zusammen ca. 10% des geschriebenen Gesamttextes ausmachen sollten (ohne Verzeichnisse). Wenn das dann aber mal 15% werden, gerade bei Arbeiten, die länger als 60 Seiten sind, und die Arbeit Okay ist, sollte das kein Problem darstellen.

Ihr könnt auch bei eurer Gliederung ansetzen. Viele kleine Unterkapitel nehmen mehr Platz in Anspruch als lange Kapitel, da vor und nach den Überschriften Leerzeilen stehen sollten, wenn man formal sauber arbeitet, was ihr ja selbstverständlich macht.

Kurze Kapitel haben noch einen anderen Vorteil, den man einsetzen kann: sie lassen sich schneller erarbeiten als lange Kapitel. Das ist zum einen Schreibpsychologie. Es geht einfach schneller, wenn ich aus 2 Seiten Notizen 1 Seite Text machen will, als wenn ich aus 8 Seiten Notizen 4 Seiten Text machen will. Außerdem geht man in kurzen Kapiteln nicht so sehr in die Tiefe, jedenfalls fühlt sich das für mich immer so an. Man kann mit weniger Quellen auskommen. Allerdings ist Letzteres Textpsychologie, die ich nicht beweisen kann. Ihr könntet es auch „Textalchemie" nennen.

Bei langen Passagen fällt es aber eher auf, wenn weniger Quellen im Text auftauchen und über lange Strecken der Autor selber schwadroniert. Außerdem erwartet man in langen Passagen auch mehrere Quellen zu einem Stichwort, das Vergleichen und Gegeneinanderstellen von Quellen. Man kann also zur Zeitersparnis kurze Kapitel strategisch einsetzen. Bei dem Ganzen muss man aber natürlich darauf achten, dass nicht zu viele kurze Kapitel gewählt werden, dann dann könnte es tatsächlich ins Unwissenschaftliche kippen, da es oberflächlich wird. Grundregeln könnten hier seyn: am besten keine oder nur sehr wenige Kapitel die weniger als eine Seite lang sind. Und sehr lange und sehr kurze Kapitel sollten sich die Waage halten. Z.B. sollte ein 40-seitiger Text nicht aus 60 Unterkapiteln bestehen. Selbst 40 sind noch zu viel, hier würde die Substanz fehlen. Aber 20 wären vertretbar, darunter könnten dann auch 6 oder 7 seyn, die nur eine Seite oder noch kürzer sind, wenn es dafür auch ein paar längere Kapitel gibt.

Viele Seiten zu schreiben, kann aber auch als Strategie benutzt werden, nämlich dann, wenn die Erkenntnisse nicht ganz so toll ausgefallen sind wie erwartet. Ich persönlich würde dann immer mit Masse erschlagen: mehr Seiten als gefordert, viele erläuternde Fußnoten (sind etwas anderes als Quellenangaben in den Fußnoten; ihr findet einige Beispiele hierfür in diesem Text), sehr umfangreiche Lektüreliste, bei der man nicht jedes Buch gelesen haben muß. Es sollte aber mindestens einmal als Quelle im Text auftauchen.

2.9 Das Zitieren

Mit dem Zitieren werden viele Studenten verrückt gemacht, vor allem natürlich seit Guttenberg mit der Keule „Plagiat". Alles Schwachsinn! Laßt euch nicht verrückt machen. Eigentlich müßt ihr euch nur zwei Sachen merken:

1. Jeden Stichpunkt aus euren Aufzeichnungen, den ihr in eurem Text verwendet, müßt ihr als Quelle nachweisen.
2. Legt eine Zitierweise für die direkten Zitate fest, für indirekte, paraphrasierende Zitate und für einfache weiterführende Literaturangaben bzw. orientiert euch an den Vorgaben in eurem Fach.

Aber mehr müßt ihr auch nicht wissen, oder positiv formuliert: das ist alles. Bei der Bundeswehr gibt es den schönen Spruch: *„Melden macht frei!"*. Damit ist gemeint, daß ich als einfacher Soldat aus dem Schneider bin, wenn ich einem nächst höheren Heini einen bestimmten Sachverhalt gemeldet habe. Genau so funktioniert für euch universitäre Fußsoldaten Wissenschaft: Ihr meldet dem nächst höheren Heini, daß der und der verwirrte Kopf zum dem Sachverhalt entweder ganz genau oder nur sinngemäß das und das gesagt bzw. geschrieben hat. Dann weiß euer wissenschaftlicher Vorgesetzter, was ihr wie gemacht habt und warum ihr zu den entsprechenden Schlüssen gekommen seid. Wenn ihr die Statements der verwirrten Köpfe gut und schlüssig aneinander gereiht habt, sagt eurer Heini „Super!" und steichelt euch symbolisch mit einer guten Zensur über den Kopf. Seid ihr verwirrt und merkt man das eurer Argumentation an, sagt er nicht „Super" und streichelt euch nicht. Symbolisch nicht und auch nicht real.

Beim Formalen des Zitierens werden im Groben zwei verschiedene Stile in Deutschland verwendet: Fußnoten und Quellenangaben im Text.

Bei der Auswahl der formalen Variante richtet man sich natürlich nach dem Usus des Faches. Wenn Quellenangaben im Text (auch amerikanisches Zitieren genannt (also Klammer hinter dem Gedanken mit Autorname, Jahreszahl und Seitenzahl, sprich: (Schreiber

2010:77))) erfolgen sollen, dann macht man das natürlich. Hat man die Wahl, ist das amerikanische zwar geschmeidiger (schreibt sich einfach schneller, weil man nicht immer erst Fußnoten einfügen muß), aber bei Fußnoten muß man weniger Sätze formulieren, weil die Seiten schneller voll sind. Je ausführlicher die Fußnoten gestaltet werden (hier gibt es unterschiedliche Varianten), desto mehr Platz nehmen sie in Anspruch. Denen mit Zeitknappheit unter euch empfehle ich somit, sofern das Fach das zuläßt, die Fußnotenzitate in kompletter Form (also mit dem ganzen Gedöns, mit dem die Quellen auch in der Literaturliste angegeben werden) anzugeben. Ist nicht unwissenschaftlich, nur nicht mehr das Übliche, obwohl das viele Dozenten anders sehen. Eurer Glück!

„Woher weiß ich, was Usus in meinem Fach ist?"
Nehmt euch drei Monografien oder Aufsatzsammlungen aus eurer Fachdisziplin, die relativ aktuell sind (also nicht älter als 5 Jahre) und seht euch die Zitationsweisen an. Zitieren die alle amerikanisch, sollten ihr das auch besser tun.

Für die ganz Entscheidungslosen: fragt den Prof, beim dem ihr schreibt, was er gerne für eine Zitationsweise hätte. Die ganz frechen der Entscheidungslosen fragen: *„Ach, noch eine Frage bezüglich der Zitation. Ich würde gerne Fußnoten als Zitierart verwenden, weil ich finde, daß dadurch der Lesefluß besser gewährleistet wird. Das ist doch in Ordnung für Sie?"*

Wenn ihr die Zitierweise festgelegt habt, ist es im Interesse des Textes wichtig, daß ihr mit den unterschiedlichen Varianten lernt zu arbeiten. Denn die Mischung dieser drei Zitationsweisen – direktes Zitieren, Paraphrasieren und einfache Nennung einer Quelle als weiterführende Literatur – unterscheidet einen guten von einem nicht so guten Text. Um das Anwenden zu können, muß man aber noch nicht mal ein guter Schreiber seyn.

„Warum ist das Mischen wichtig?"
Weil es für Abwechslung sorgt. Nichts ist langweiliger als in den Kapiteln ein direktes oder indirektes Zitat an das nächste zu reihen und dann am Kapitelende alles noch einmal mit eigenen Worten zusammenzufassen. Klar geht das auch, ist nicht falsch, ihr habt Reflexionsvermögen gezeigt, aaalles okay, das Mindestmaß erfüllt, reicht uns. Aber lesen will das keiner. Die Mischung der drei Zitationstypen PLUS das Dazwischenstreuen der eigenen Gedanken macht aus eurem Text ein Feuerwerk der Großkotzigkeit. Außerdem werdet ihr gerade auch das Paraphrasieren und die einfachen Literaturnennungen benötigen, um den Großteil eurer Notizen unterzubringen. Wenn ihr hier nur mit direkten Zitaten arbeitet, dann ist die Menge der verwendeten Notizen begrenzt.

„Entschuldigung, wie hieß das nochmal – pari- paro- ?"
Leute ... okay, also paßt auf. Es gibt nur die drei Formen, die ich bereits genannt habe: direktes Zitat, indirektes Zitat und weiterführende Literaturangabe.

Zum **ersten** Typ: Ein direktes Zitat ist ein Zitat, das ihr entweder komplett aus der Quelle übernimmt, oder bei dem ihr nur einen kleinen Teil verändert, z.B. ein oder zwei Worte. Im ersten Fall habt ihr ein wörtliches Zitat, das ihr in Anführungszeichen setzt und das ganze formale Prozedere durchlauft wie es seyn soll: also Doppelpunkt bei dem Satz davor, dort auch die Quelle nennen, das Zitat einrücken, wenn es über 2 Zeilen geht, und bei dem Zitat eventuell auch die Schriftgröße und den Zeilenstand verändern.

Der zweite Fall des direkten Zitats kommt ohne das Ganze aus. Hier wird nur durch die Zitationsweise das Direkte kenntlich gemacht und vielleicht noch dadurch (ist aber kein Muß), daß ihr den Autor irgendwo am Anfang des Satzes nennt, so derart wie: *„Vogelkopp schreibt, daß ....."* Bei dieser Variante ist dann klar, daß das definitiv nicht euer Gedanke ist, sondern der von Vogelkopp. Die Schreibweise für direkte Zitate ist beim amerikanischen Zitieren in der Regel: (Vogelkopp 2016:77).

Zweiter Typ: Beim indirekten oder auch paraphrasierenden Zitat benutzt ihr die Gedanken anderer Autoren sinngemäß. Ihr orientiert euch sozusagen an deren Gedanken und nennt sie als Referenz für den Gedanken. Diesen Typ verwendet ihr auch bei den Sammelzitaten. Das Kennzeichen des indirekte Zitats ist in der Regel das „vgl.", das für „vergleiche" steht. Das sieht dann in etwas so aus (vgl. Vogelkopp 2016:88). Die indirekte Zitierweise benutzt man auch, wenn der Gedanke sich über ein oder zwei oder mehrere Seiten zieht: bei einer Seite (vgl. Vogelkopp 2016:88f.) und bei zwei oder mehreren Seiten (vgl. Vogelkopp 2016:88ff.). Ebenfalls genutzt wird es bei Sammelzitaten: (vgl. Vogelkopp 2016:88f., Trottel 2015:13, Verpeiler 2015:7ff.).

Dritter Typ: Die weiterführenenden Literaturangaben beziehen sich mehr oder weniger auf den Kontext der Aussage. Die beziehen sich nicht direkt oder indirekt auf einen Gedankengang in der Quelle, sondern darauf, daß dort die Thematik ebenfalls auf eine spannende, unterhaltsame, wie auch immer geartete Weise behandelt worden ist. Darauf verweist ihr. Formal ähnelt das der Zitierweise beim direkten Zitat. Ihr laßt nur die Seitenzahl weg, also: (Vogelkopp 2016).

Ihr könnt die Varianten natürlich auch kombinieren. Jedenfalls mache ich das regelmäßig. Ich hänge gerne an die Quelle eines direkten Zitats noch indirekte an und füge ein „sowie" dazwischen. Das sieht dann so aus: (Vogelkopp 2016:77 sowie vgl. Trottel 2015:13). Warum? Absichern, absichern, absichern. Protzen, angeben, großkotzen.

Seht Zitate in jeglicher Form als eure Freunde an. Zitate sind gut. Gute Zitate aus Monografien sind sehr gut. Viele gute Zitate aus Monografien heben das Niveau. Bitte nicht falsch verstehen: natürlich benutzt ihr viele direkte Zitate und ein Teil von denen sollte ruhig

1:1 in Form von wörtlichen Zitaten dargestellt werden, denn besser wird man das eh nicht ausdrücken können (ist zugleich Hommage an die zukünftigen Kollegen und demonstriert wissenschaftliche Demut) und außerdem kann man damit Seiten runterreißen. Jetzt nicht auf jeder Seite eine halbe Seite wörtliches Zitat, aber in regelmäßigen Abständen das ein oder andere 3–6-Zeilen-Zitat ist nicht verwerflich. Im Gegenteil. Wenn man gerade direkte Zitate geschickt einsetzt, kann man damit gern schonmal 1/6 bis 1/5 der Arbeit zukleistern.

Und mal ehrlich, was wollen denn Profs heutzutage? Sie wollen so wenig Wikipedia wie möglich (für euch gilt, wie bereits erwähnt: NO wikipedia als offiziell genannte Quelle), sie wollen die Einhaltung formaler Standards und wenn sie den einen oder anderen guten Autorennamen in einer Studiearbeit lesen und sie die ein oder andere Formulierung unterhält undoder erheitert, dann sind sie der ganzen Arbeit schon viel freundlicher gegenüber eingestimmt.

Also seht den gesamten Zitiervorgang einmal als Grundlage eurer Wissenschaftlichkeit und dann als Spielmöglichkeit, euren Text weiter zu designen und durch Abwechslung attraktiver zu gestalten.

Im Zusammenhang zum Designen vielleicht noch ein Hinweis: Ihr solltet neben der Anzahl der Notizenseiten auch die Anzahl der Autoren im Auge haben. Es ist zwar schön, wenn ihr für ein 4-seitiges Kapitel 8 Seiten Notizen parat habt. Doof wäre aber, wenn die 8 Seiten alle aus einer Quelle stammen. Ausnahmen bilden hier natürlich Kapitel, wo es ausschließlich um einen Autor geht, weil ihr in dem Kapitel einen Grundlagentext erläutert. Als Faustformel gilt hier: je weniger Autoren ihr in einem Kapitel zur Verfügung habt, desto höher wird die Bedeutung des einzelnen Autors. Sollte das Kapitelthema das nicht rechtfertigen, müßt ihr wohl noch mal Lektüre nachordern müssen.

Und achtet peinlichst auf das Formale. Haltet vor allem euren Zitierstil durch. Es gibt beim Zitieren nichts Schlimmeres als auf jeder Seite irgendwie anders zu zitieren, amerikanisches Zitieren und Fußnoten durcheinander zu würfeln oder die Autoren mal mit und mal ohne Vornamen zu nennen. Wenn ihr euch für etwas entschieden habt, zieht es durch die gesamte Arbeit.

Dabei kann gerade das Formale des Zitierens wie ein Faß ohne Boden erscheinen. Wenn ihr viel Zeit habt, könnt ihr euch ja mal das Grundlagenwerk zum amerikanischen Zitieren (APA) reinziehen. Das haben amerikanische Psychologen entwickelt. So liest sich das auch.

Letztlich solltet ihr die Basics beherrschen und geschmeidig einsetzen können. Das ist die halbe Miete. Alles andere ist Feinarbeit, die auch der Großteil der Betreuer nicht beherrscht. Die basalen Basics habe ich oben genannt. Ihr solltet aber euch noch mal schlau machen zu folgenden Aspekten:

- Quellen mit mehr als 3 Autoren
- Zitat bei dem ihr keine Seitenzahl (mehr) habt

Zum Zitieren gehört auch die „richtige" Quellenangabe im Literaturverzeichnis. Denn darauf beziehen sich die Angaben im Text. Hier gilt, wie schon erwähnt, erst im Institut und bei eurem Betreuer nach Vorlieben nachzufragen undoder die korrekte Quellenangaberegel im Netz zu suchen. Denkt hier auch an die Internetquellen. Die werden etwas anders angegeben im Literaturverzeichnis.

2.10 Die Einleitung und die Zusammenfassung

In fast allen Schreibführern zum akademischen Schreiben, die ich kenne, wird empfohlen, zuerst die Einleitung zu schreiben, damit man sich an dieser orientieren kann (teilweise sogar noch vor der richtigen Lektüre). Ich halte das für großen Quatsch, aus mehreren Gründen. Schreibführer richten sich an Personen, die mit dem Schreiben ein Problem haben, und denen wird empfohlen als erstes zu schreiben? Was soll das? Als Orientierung reicht während der gesamten Arbeit das Gliederungsverzeichnis, man benötigt nichts Ausformuliertes. In der Regel verändert sich ein Text bzw. eine erste Gliederung. Wenn man bereits eine Einleitung geschrieben hat, muß man diese erneut schreiben, auf jeden Fall abändern, das ist zusätzliche Arbeit, und diese wollen wir ja unter allen Umständen vermeiden.

Ich kenne keinen Ghostwriter, der Einleitung und Zusammenfassung nicht am Schluss schreibt. Das hat ganz pragmatische Gründe.

Einleitung und Zusammenfassung rahmen die Arbeit. Einleitung und Zusammenfassung bilden sozusagen Anfang und Ende eures argumentativen Kreises. Zwischen beiden Enden spannt ihr den roten Faden. In der Einleitung steht, was gemacht wird. Und in der Zusammenfassung steht, daß das, was in der Einleitung steht, gemacht wurde, und ihr deswegen große Helden seid. Das werdet ihr aber nur schreiben können, wenn das tatsächlich auch eingetreten ist.

Meiner Erfahrung nach gibt es bei vielen Abschlussarbeiten ein oder zwei Punkte, die nicht ganz so in die Planung passen. Zum Beispiel merkt man, daß ein bestimmtes Argument nicht paßt oder man hat einfach kein Bock auf ein Buch, weil das nur so vor Eigenlob des akademischen Autors trieft. Man muß dann anders vorgehen, modifizieren, verändern und so weiter. Dabei entfernt man sich vielleicht noch weiter vom eigentlichen Plan. Das alles ist wurscht, solange die Fragestellung beantwortet wird. Wenn ihr eure Einleitung schon geschrieben habt und zu sehr daran hängt, kann es passieren, daß ihr euch nicht ganz so geschmeidig durch den Wissenschaftswust bewegt, was durchaus zum Nachteil für eure Arbeit und für eure Nerven seyn kann. Das wollen wir vermeiden.

Einleitung und Zusammenfassung erfüllen aber noch eine weitere wichtige Funktion. Beide sind Werkzeuge, um die Aufmerksamkeit auf die Aspekte zu lenken, die euch wichtig sind.

„Warum ist das wichtig?"

Ihr könnt dadurch das wichtig machen, was ihr geschrieben habt, und das in Vergessenheit geraten lassen, was ihr nicht geschrieben habt, aber nach Meinung von irgendwelchen Schlaumeiern, vielleicht hättet schreiben sollen. Ihr könnt sozusagen den Lesevorgang des Rezipienten kalibrieren. Ihr müßt euch das strategisch vorstellen, so ähnlich wie bei Barrieren, die Menschen, Soldaten, Mastschweine dahin leiten sollen, wo sie hin sollen.

Mit der Einleitung legt ihr den Grundstein dafür, daß der Leser in eure Argumentation einsteigt. Ihr könntet hier bereits darauf aufmerksam machen, warum ihr das und das gemacht, aber das und das nicht gemacht habt. Die Einleitung ist für mich einer der wichtigsten Teile der gesamten Arbeit. Die hat Leit- und Steuerfunktion, aber eben nicht für mich als Autor, sondern für den Leser. Ich kann die erst schreiben, wenn mein Text fertig ist, weil ich mit Hilfe der Einleitung die Textstellen oder Kapitel etwas kaschieren kann, die nicht ganz so toll geworden sind. Und ich kann auf die Textstellen oder Kapitel verweisen, die Streichleinheiten des Profs garantieren. Und in der Zusammenfassung kann ich die Möglichkeit nutzen, meine Erkenntnisse stark zu reden, den Leser mit einer positiven Sichtweise aus dem Text scheiden zu lassen.

Die Möglichkeiten von Einleitung und Zusammenfassung verbaut man sich nicht, indem man sie voreilig schreibt, schon gar nicht zu Beginn des Arbeitsprozesses. Außerdem kann man Einleitung und Zusammenfassung nutzen, um auch ein paar Seiten zu schinden bzw. kann man hier die Seitenzahl generell regulieren. Hat man es im Text übertrieben, schreibt man jeweils nur kurze Texte am Anfang und Ende. Hat man sich schon im Haupttext rumgequält und fehlen noch 7 oder 8 Seiten, kann man Einleitung und Zusammenfassung nutzen, um aufzufüllen. Ihr seht also: Einleitung und Zusammenfassung sind überaus wichtig.

Und vergeßt nicht die anderen Hinweise im Leitfaden, die bereits auf die Einleitung und Zusammenfassung hindeuteten. Gerade die Einleitung muß gut austariert werden. Ihr leitet mit dieser ein, daher sollte sie nicht zu kurz seyn. Aber zu lang sollte sie auch nicht seyn, vor allem dann nicht, wenn der Text bereits an dem Maximalumfang kratzt.

Wenn ihr euch wahrscheinlich wirklich anstrengen müßt beim Schreiben, dann wird es wohl bei diesen beiden Textteilen seyn. Einen beschissenen Text werden auch eine perfekte Einleitung und Zusammenfassung nicht kompensieren können, aber sie können Lesermeinungen beeinflußen, vor allem dann, wenn diese eher ambivalent sind. Als Lektion Nummer neun haben wir also (und nochmal alle): *„Einleitung und Zusammenfassung schreibe ich am Schluß."*

2.11 Endkontrolle und „letzter Schliff"

Hey, die Zusammenfassung ist fertig, Wow, gut gemacht!
Dann bleibt nur noch die Endkontrolle. Das heißt: ihr lest den Text mindestens 3 Mal. Kopiert zuerst den „Arbeitstext 3„ und nennt die Kopie „Endfassung". Ab jetzt geht es damit weiter. Dann lest, wie gesagt, drei Mal:

1.Mal: inhaltliche Kontrolle. Hier zählt nur das Inhaltliche. Ist alles korrekt? Ist der rote Faden da? Stimmen die Fakten
2.Mal: Kontrolle von Grammatik, Rechtschreibung, Stil
3.Mal: Kontrolle des Layouts. Sind die Zitate korrekt? Sind die Seiten korrekt (überall das gleiche Seitenmaß, überall Seitenzahlen, gibt es komische Umbrüche auf den Seiten etc.)?

Es bietet sich an, die jeweiligen Kontrollen entweder an einer ausgedruckten Version vorzunehmen, oder, da ich das für Papierverschwendung halte, mit Hilfe einer PDF-Version. Und diese stellt in dem Zoom ruhig etwas größer ein. Das ausgesprochen leserfreundliche Design des PDF's unterstützt die Fehlerkontrolle.

Also: PDF erstellen und dieses kontrollieren. Jeden Fehler oder jede Veränderung sofort an der originalen Textdatei vornehmen. Nach jeder der drei oben genannten Korrekturen wird ein neues PDF erstellt, das alte PDF gelöscht und die nächste Korrektur mit dem neuen PDF durchgeführt. Ansonsten werden ihr wahnsinnig, wenn ihr alle drei Korrekturen mit demselben ersten PDF durchführt.

Bei der inhaltlichen Kontrolle geht es darum, daß Wissenschaftler runde Geschichten mögen. Es sollte also auch in eurem Interesse seyn, ein rundes Ding aus eurem Text zu machen. Wenn wir jetzt mal davon ausgehen, dass Gliederung und Inhalt schon mal sehr stimmig sind bei euch, geht es jetzt darum, dem Text den letzten Schliff zu verpassen. Das wichtigste Instrument hierfür sind Einleitung und Zusammenfassung (siehe Kap. 2.10).

Eine sehr einfache und geschmeidige Möglichkeit ist es des Weiteren, Kapitelverweise einzubauen. Ich habe darauf bereits in Kap. 2.8.1 hingewiesen, aber ich wiederhole es gerne noch einmal. Ist ja für einen guten Zweck: An ausgewählten Stellen fügt ihr in Klammern Verweise wie (siehe Kap....), (vgl. Kap. ...) oder im Text wie „Wie in Kap. ... gezeigt" ein. Übertreibt es aber nicht.

Selbstverständlich solltet ihr Passagen überarbeiten, bei denen sich euer Bauch verkrampft. Es kann durchaus vorkommen, daß bestimmte Aussagen bei der Kontrolle keinen Sinn mehr ergeben oder irgendwie nicht zum Rest des Kapitels passen. Nicht darüber nachdenken, sondern einfach verändern oder rausschmeißen.

Am Ende steht natürlich auch die Überarbeitung eures Stils. Ihr seid meiner Empfehlung gefolgt und habt ohne Rücksicht auf Verluste in die Tasten gehauen und einen Haufen Sätze produziert, die überarbeitet werden müssen. Naja, Auftrag klar, oder?

Noch ein Hinweis zu Grammatik und Rechtschreibung. Hier solltet ihr die Grundregeln beachten. Das gehört zum Formalen des Textes. Und ich erwähnte wohl schon, daß das Formale wichtig ist. Und gerade bei beschissener Grammatik und Rechtschreibung fühlen sich Betreuer schnell verarscht. Kann ich nachvollziehen, denn den ein oder anderen Text habe ich auch schon Korrektur gelesen. Und man glaubt es nicht, wie schlecht teilweise in diesem Bereich die Kenntnisse von vielen Studenten sind.

Wenn ihr kein Geld für einen professionellen Korrektor ausgeben wollt, was ich verstehen kann, dann nutzt das, was euch zur Verfügung steht. Hier ist allein schon die Hilfe des Computers mit seinen Rechtschreibprogrammen viel wert. Alle unterstrichenen Wörter sollten im Zweifelsfall in einem Nachschlagewerk überprüft werden. Wie gesagt, es lohnt sich, da die Form dafür sorgt, daß die Arbeit wohlwollender betrachtet wird, frei nach dem Motto: *„Na wenigstens hat er sich Mühe gegeben."*

Was die Programme leider nicht korrigieren sind die Kommata. Die wichtigsten Grundregeln sollten unbedingt beherzigt werden, da allein schon hier sehr viele Pluspunkte gesammelt werden können. Es gibt nach der Rechtschreibreform Anfang des Jahrtausends nur noch 9 Grundregeln, die zu beachten sind. Ist nicht mehr allzuschwer, aber man muß es trotzdem tun. Zu den wichtigsten gehören für mich:

- der erweiterte Infinitiv mit zu (wenn „um" und „zu" immer präventiv ein Komma genau vor „um" setzen),
- der Relativsatz (Wird ganz oft vergessen. Hier könnt ihr echt punkten. Erklärung gibt's beim Nebensatz mit „daß"),

- der Nebensatz mit „daß" bzw. neudeutsch „dass" (Probe zum Relativsatz: wenn der Satz mit einem „diesem/dieser/dieses" oder „welchem/welcher/welche„ anstelle des „daß" keinen Sinn ergibt, dann ist es auch ein „daß". Ergibt es Sinn, ist es immer ein Relativsatz.).

Wahrscheinlich behebt ihr durch die Überprüfung dieser drei Kommaregeln im Text schon zwei Drittel eurer Kommafehler.

3. Die Arbeitsschritte in Kurzform

1. Thema finden durch Recherche. Es wird nur gelesen, wenn ihr es wirklich wollt und ihr von allein in einen Text gezogen werdet. Es geht hier aber eher darum, den Kontext abzustecken. Notiert euch bereits alle Stichworte, Gedanken etc., die euch interessant undoder wichtig vorkommen. Diese Stichworte/Gedanken etc. sind, mit Hilfe der Mindmapmethode in einen entsprechenden Zusammenhang gebracht, bereits oft DIE Grobgliederung, die später nur noch verfeinert werden muß.
2. Thema mit Prof besprechen
3. Thema eventuell verfeinern und absegnen lassen
4. Lektüreauswahl und Gliederungserstellung. So viel Lektüre wie möglich im Ansatz sichten (also Klappentext, Abstract, Inhaltsverzeichnis, zur Not Einleitung und Zusammenfassung). Parallel dazu die Gliederung verfeinern. Die Gliederung dann absegnen lassen.
5. Das Formale klären und Arbeitsdokumente vorbereiten
6. Lesen und heraus schreiben und Einsortieren der Notizen
7. Sortieren, also Notizen ordnen und damit den roten Faden für die schriftliche Argumentation festlegen
8. Schreiben, also die Reihenfolge der Stichpunkte nur noch ausformulieren und euer eigenes Gehirnschmalz darunter mischen. Eventuell die ersten geschriebenen Seiten (zw.10–15% des Gesamttextes) dem Prof zur Kenntnisnahme vorlegen.
9. Einleitung und Zusammenfassung schreiben
10. Inhaltliche und stilistische Endkontrolle
11. Endkontrolle der Grammatik und der Rechtschreibung
12. Formale Endkontrolle

4. Die Lektionen oder: Die 10 Goldenen Regeln

1. *„Ich designe den Text."*
2. *„Ich will nur meinen Abchluß gestalten."*
3. *„Meinem Text gegenüber habe ich keine Gefühle."*
4. Weil es so wichtig ist, gleich nochmal als Lektion Nummer vier: *„Meinem Text gegenüber habe ich keine Gefühle."*
5. *„Ich kenne alle formalen Vorgaben und halte mich zu hundert Prozent daran."*
6. *„Ich benutze meine eigene Sprache."*
7. *„Ich lasse jeden Satz stehen."*
8. *„Ich überarbeite erst am Schluß!"*
9. *„Einleitung und Zusammenfassung schreibe ich am Schluß."*
10. *„Ruhig bleiben, Brauner!"*

Zusammenfassung

Hui! Jetzt muß ich mich an meine eigene Regel halten. Eigentlich hatte ich vor, jetzt noch ewig darüber zu schwafeln, wie toll dieser Text geworden ist, welche grandiose Hilfestellung ich euch gegeben habe, wie cool ich doch bin und so weiter .... aber dafür bleibt nun nicht mehr allzu viel Platz. Denn eines meiner Ziele war auch, diesen Leitfaden nicht unnötig lang zu machen. Ich habe als Textumfang 100 Seiten angepeilt, was früher in etwa einer ambitionierten Magisterarbeit entsprach. Liege ich etwas drüber; leider keine Punktlandung, und da ich mich außerdem im Vorwort etwas über die langen und unpraktischen Leitfäden echauffiert habe, sollte ich mich jetzt kurz fassen.

Gut. So hoffe ich, daß euch meine Ratschläge das Angehen des Projektes „Abschlußarbeit" erleichtern und ihr frohen Mutes an die Aufgabe herangeht. Denkt immer daran, daß es sich hier nur um einen verdammten Text handelt. Es ist NICHTS Besonderes. Es ist nur ein Text. Es sind nur Worte auf weißem Papier. Es ist nur ein Text, der außer von euch und eventuell einem Korrektor eures Vertrauens nur noch von zwei in der Regel leidlich daran interessierten Betreuern gelesen wird.

Macht euch das Leben nicht schwer, vor allem dann nicht, wenn ihr nach diesem Text nie wieder vorhabt, mehr als 40 Seiten mit eigenen Wörtern zu füllen. Und in den meisten Jobs, auch in denen für Akademiker, ist das auch nicht nötig. Hier sind wir wieder bei eurem Ziel und der Lektion zwei: *„Ich will nur meinen Abschluß gestalten."*

Also dann: viel Erfolg!

Ihr packt das!

Zeitfracht Medien GmbH
Ferdinand-Jühlke-Straße 7
99095 Erfurt, Deutschland
produktsicherheit@kolibri360.de